Impressum
Verlag: BABADADA GmbH, Nedderfeld 112 , 22529 Hamburg
Geschäftsführer / Verlagsleitung: Harald Hof
Druck: Books on Demand GmbH, In de Tarpen 42, 22848 Norderstedt

Imprint
Publisher: BABADADA GmbH, Nedderfeld 112 , 22529 Hamburg, Germany
Managing Director / Publishing direction: Harald Hof
Print: Books on Demand GmbH, In de Tarpen 42, 22848 Norderstedt

בית ספר

isikole

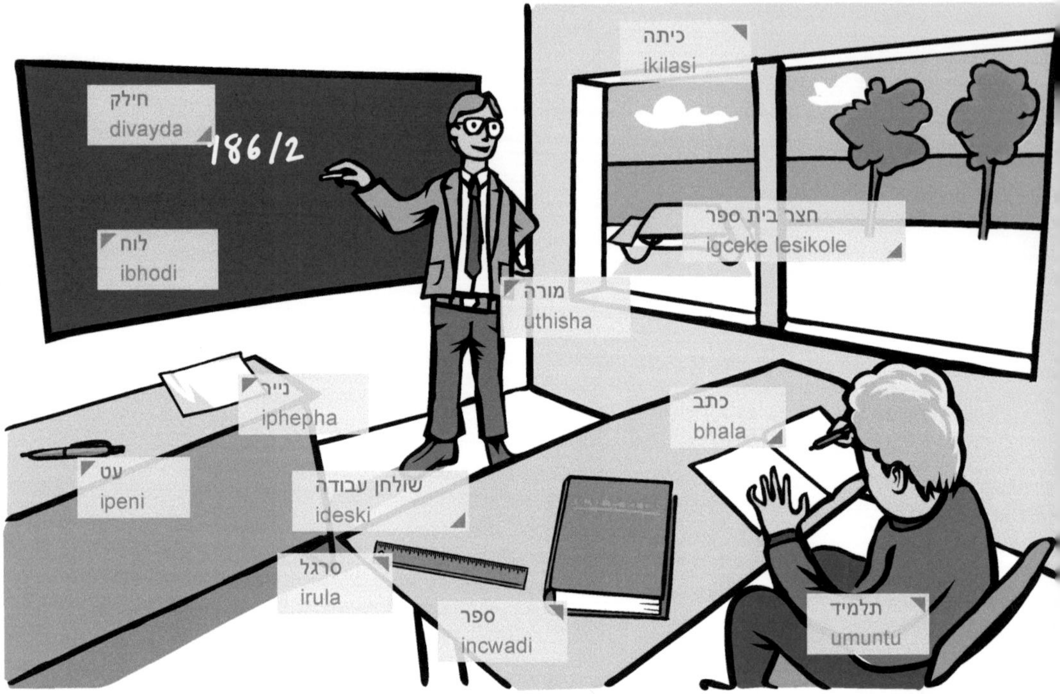

חילק
divayda
186/2
לוח
ibhodi
כיתה
ikilasi
חצר בית ספר
igceke lesikole
מורה
uthisha
נייר
iphepha
כתב
bhala
עט
ipeni
שולחן עבודה
ideski
סרגל
irula
ספר
incwadi
תלמיד
umuntu

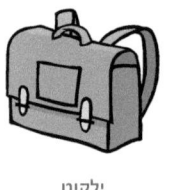

ילקוט

isikhwama

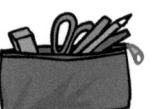

קלמר

isikwama sepeni

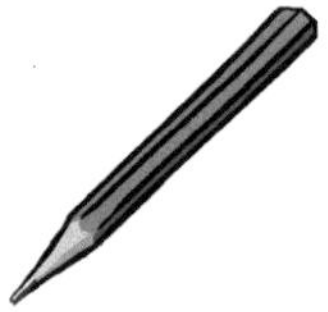

עיפרון

ipensela

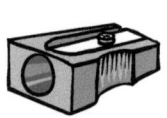

מחדד

umshini wokulola

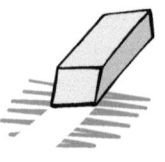

גומי מחיקה

irabha

חוברת סרטוט

indawo yokudweba

סרטוט
ukudweba

מברשת
ibrashi lokupenda

קופסת צבעים
ibhokisi lokupenda

מספריים
isikelo

דבק
inomfi

ספר תרגול
incwadi yesikole

שיעור בית
umsebenzi wasekhaya

12

מספר
inamba

2+2

חיבר
hlanganisa

5-2

חיסר
susa

2×2

הכפיל
phindaphinda

חישב
bala

A

אות
incwadi

ABCDEFG
HIJKLMN
OPQRSTU
VWXYZ

אלפבית
izinhlamvu zamagama

hello

מילה
igama

טקסט
....
umbhalo

קרא
....
funda

גיר
....
ushoki

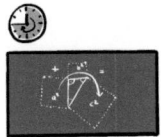

שיעור
....
isifundo

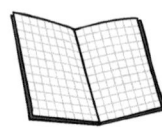

יומן נוכחות
....
bhalisa

מבחן
....
isivivinyo

תעודה
....
isitifiketi

תלבושת בית ספר
....
iyunifomu yesikole

חינוך
....
imfundo

אנציקלופדיה
....
i-encyclopedia

אוניברסיטה
....
inyuvesi

מיקרוסקופ
....
isibonakhulu

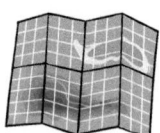

מפה
....
ibalazwe

סל נייר
....
ibhaskidi yokulahla
amaphepha

נסיעה

ukuhamba

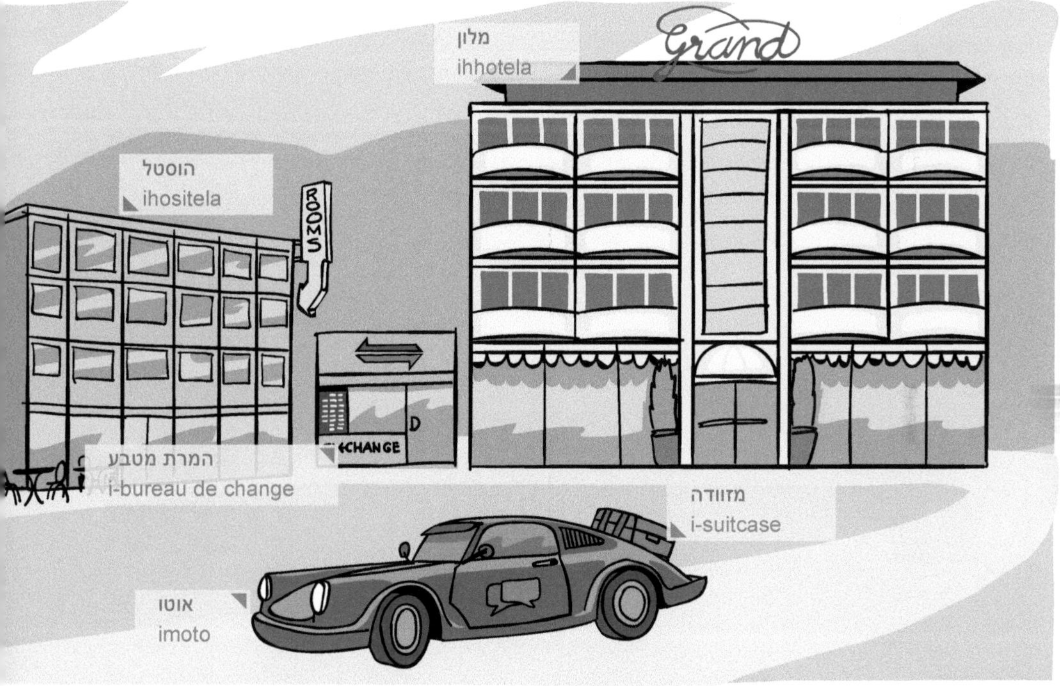

מלון
ihhotela
Grand
הוסטל
ihositela
ROOMS
המרת מטבע
i-bureau de change
EXCHANGE
מזוודה
i-suitcase
אוטו
imoto

שפה

ulimi

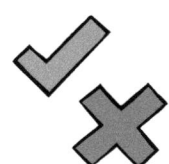

כן / לא

yebo / cha

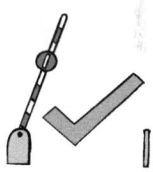

בסדר

kulungile

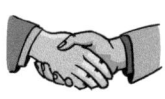

שלום

sawubona

מתרגם

umhumushi

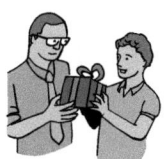

תודה

Ngiyabonga

כמה עולה.....?
iyimalini i...?

אני לא מבין
angiqondi

בעיה
inkinga

ערב טוב!
Intambama enhle!

בוקר טוב!
Sawubona!

לילה טוב!
Ulale kahle!

להתראות
bye bye

כיוון
isiqondiso

כבודה
izikhwama

תיק
isikhwama

תרמיל גב
ubhakha

אורח
isivakashi

חדר
igumbi

שק שינה
isikhwama sokulala

אוהל
ithende

מרכז מידע לתיירים

mininingwane yamathoristi

חוף ים

ulwandle

כרטיס אשראי

ikhadi lesikweletu

ארוחת בוקר

ukudla kwasekuseni

ארוחת צהריים

ukudla kwasemini

ארוחת ערב

ukudla kwasebusuku

כרטיס

ithikithi

מעלית

i-lift

בול

isitembu

גבול

ibhoda

מכס

amasiko

שגרירות

inxusa

אשרה

ivisa

דרכון

iphasiphothi

תחבורה
izinto zokuhamba

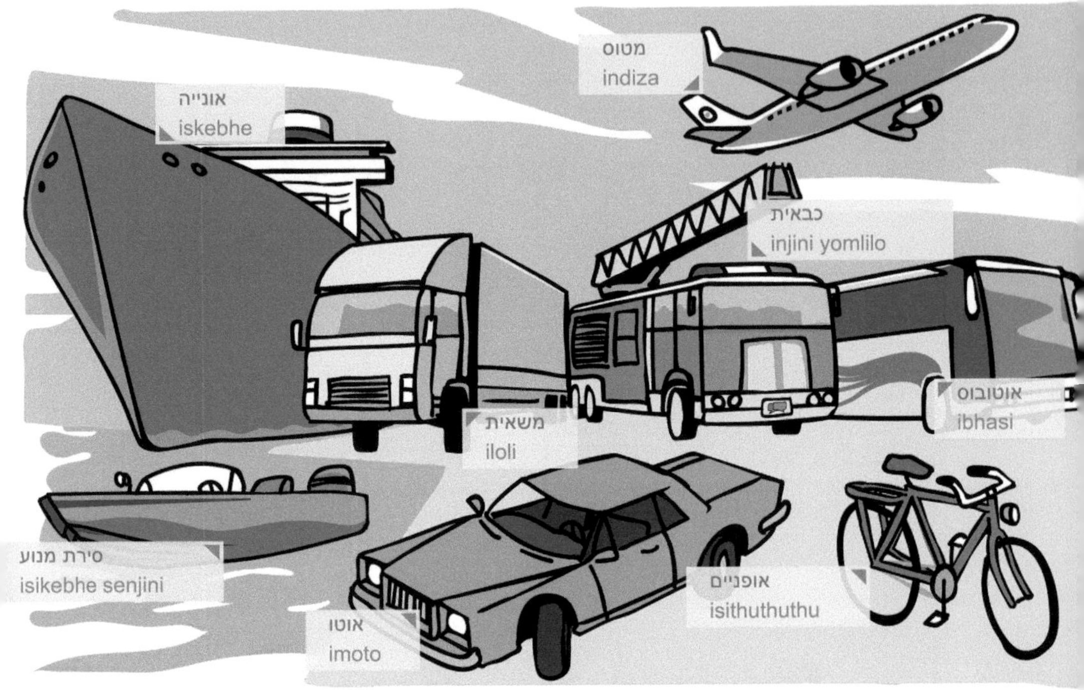
מטוס
indiza
אונייה
iskebhe
כבאית
injini yomlilo
אוטובוס
ibhasi
משאית
iloli
סירת מנוע
isikebhe senjini
אופניים
isithuthuthu
אוטו
imoto

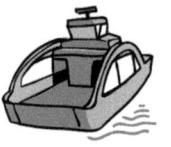

מעבורת
isikebhe

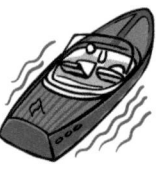

סירה
isikebhe

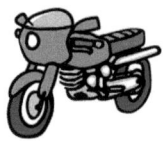

אופנוע
isithuthuthu

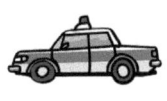

ניידת משטרה
imoto yamaphoyisa

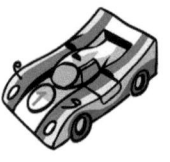

מכונית מרוץ
imoto ejahayo

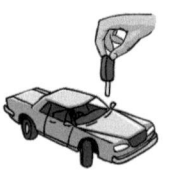

רכב שכור
imoto eqashiwe

מכוניות בשיתוף

ukurenta imoto

אוטו גרר

iloli eliphukile

משאית זבל

ithrakhi

מנוע

injini

דלק

amafutha

תחנת דלק

indawo yokuthela uphethiloli

תמרור

uphawu lwethrafikhi

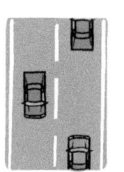

תנועה

ithrafikhi

פקק תנועה

ithrafikhi enkulu

חניה

ndawo yokupaka izimoto

תחנת רכבת

isitashi sesitimela

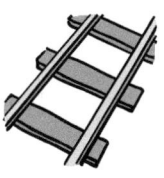

פסי רכבת

amaloli

רכבת

isitimela

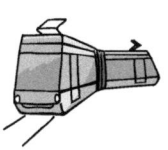

רכבת קלה

ithilamu

קרון

inqola

מסוק

ihelikhoptha

שדה-תעופה

isikhungo sezindiza

מגדל

umphongolo

נוסע

iphasenja

קונטיינר

ikhonteyna

קרטון

ikhathoni

עגלה

inqola

סל

ubhasikidi

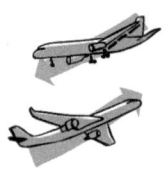

המראה / נחיתה

ukusuka / ukwehla

עיר

idolobha

כפר

isigodi

מרכז העיר

i-city centre

בית

indlu

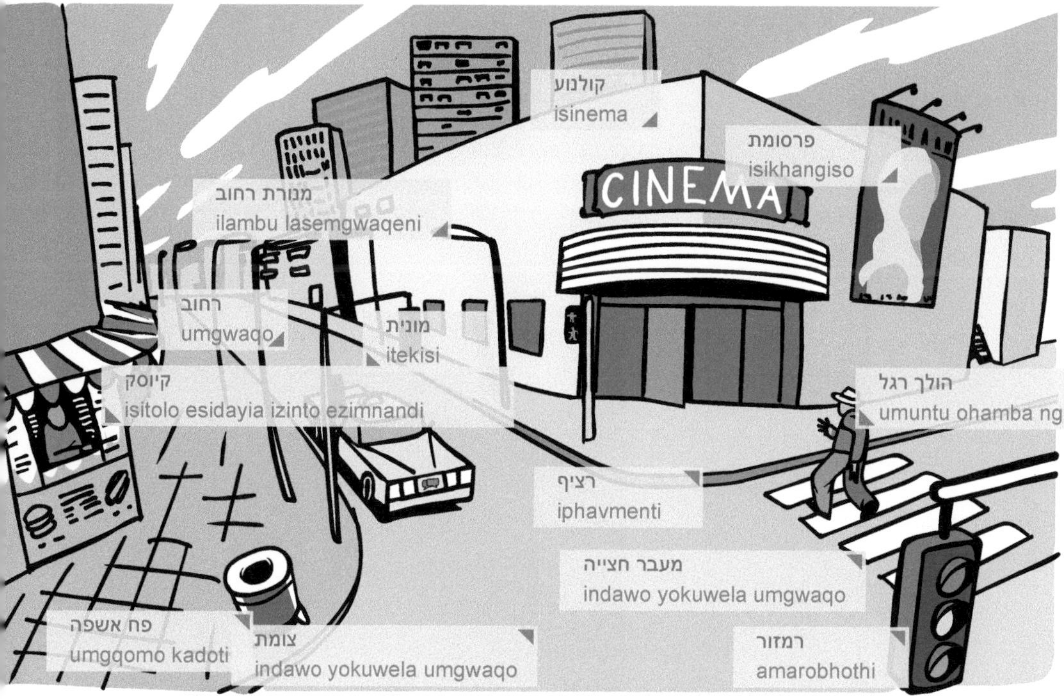
קולנוע
isinema
CINEMA
פרסומת
isikhangiso
מנורת רחוב
ilambu lasemgwaqeni
רחוב
umgwaqo
מונית
itekisi
קיוסק
isitolo esidayia izinto ezimnandi
הולך רגל
umuntu ohamba nge
רציף
iphavmenti
מעבר חצייה
indawo yokuwela umgwaqo
פח אשפה
umgqomo kadoti
צומת
indawo yokuwela umgwaqo
רמזור
amarobhothi

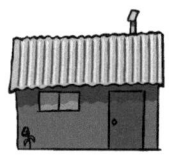

בקתה
indlu yodaka

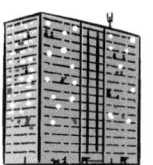

דירה
i-flat

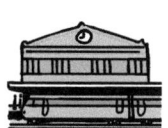

תחנת רכבת
isitashi sesitimela

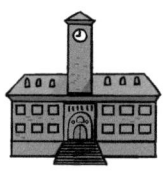

עירייה
i-town hall

MUSEUM
מוזיאון
imuzilemu

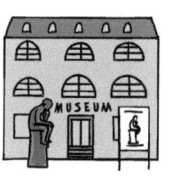

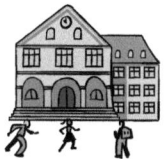

בית ספר
isikole

אוניברסיטה

inyuvesi

בנק

ibhange

בית חולים

isibhedlela

מלון

ihhotela

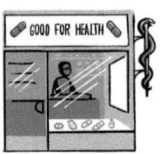

בית מרקחת

ikhemisi

משרד

i-ofisi

חנות ספרים

isitolo sezincwadi

חנות

esitolo

חנות פרחים

istolo sezimbali

סופרמרקט

emakethe enkulu

שוק

imakethe

כל-בו

isitolo somnyango

מוכר דגים

i-fishmonger's

קניון

isikhungo sezitolo

נמל

isikhungo semikhumbi

פארק
ipaki

ספסל
ibhentshi

גשר
ibhuloho

מדרגות
izitezi

רכבת תחתית
ngaphansi komhlaba

מנהרה
umhubhe

תחנת אוטובוס
istobhu sebhasi

בר
i-bar

מסעדה
isitolo sokudlela

תא דואר
eposini

שלט רחוב
uphawu lwasemgwaqeni

מדחן
umshini wokukhokhela
ukupaka

גן חיות
esiqiwini

בריכת שחיה
indawo yokubhukuda

מסגד
i-mosque

חווה
ifamu

זיהום
ukungcola

בית עלמין
amagcwaba

כנסייה
isonto

מגרש משחקים
igrawundi lokudlala

בית מקדש
ithempeli

נוף
ingadi

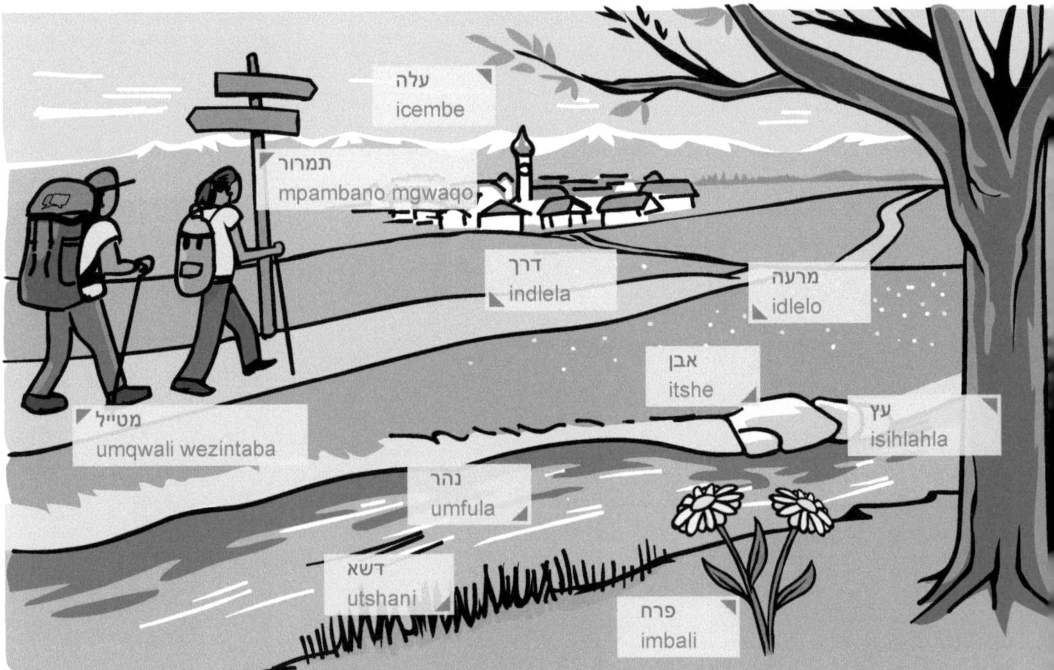

עלה
icembe

תמרור
mpambano mgwaqo

דרך
indlela

מרעה
idlelo

אבן
itshe

עץ
isihlahla

מטייל
umqwali wezintaba

נהר
umfula

דשא
utshani

פרח
imbali

בקעה
isigodi

הר
intaba

אגם
ichibi

יער
ihlathi

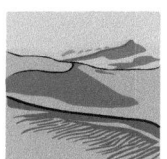

מדבר
ogwadule

הר געש
intaba mlilo

טירה
isigodlo

קשת בענן
uthingo

פטריה
ikhowe

דקל
isihlahla sesundu

יתוש
umiyane

זבוב
ukundiza

נמלה
intuthwane

דבורה
inyosi

עכביש
isicabucabu

חיפושית

ibhungane

צפרדע

ixoxo

סנאי

i-squirrel

קיפוד

i-hedgehog

ארנב

unogwaja

ינשוף

isikhova

ציפור

izinyoni

ברבור

idada

חזיר בר

intibane

צבי

inyamazane

אייל הקורא

i-moose

סכר

idamu

טורבינת רוח

i-wind turbine

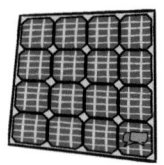

פנל סולארי

i-solar panel

אקלים

isimo sezulu

מסעדה
isitolo sokudlela

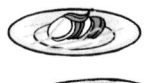

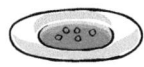

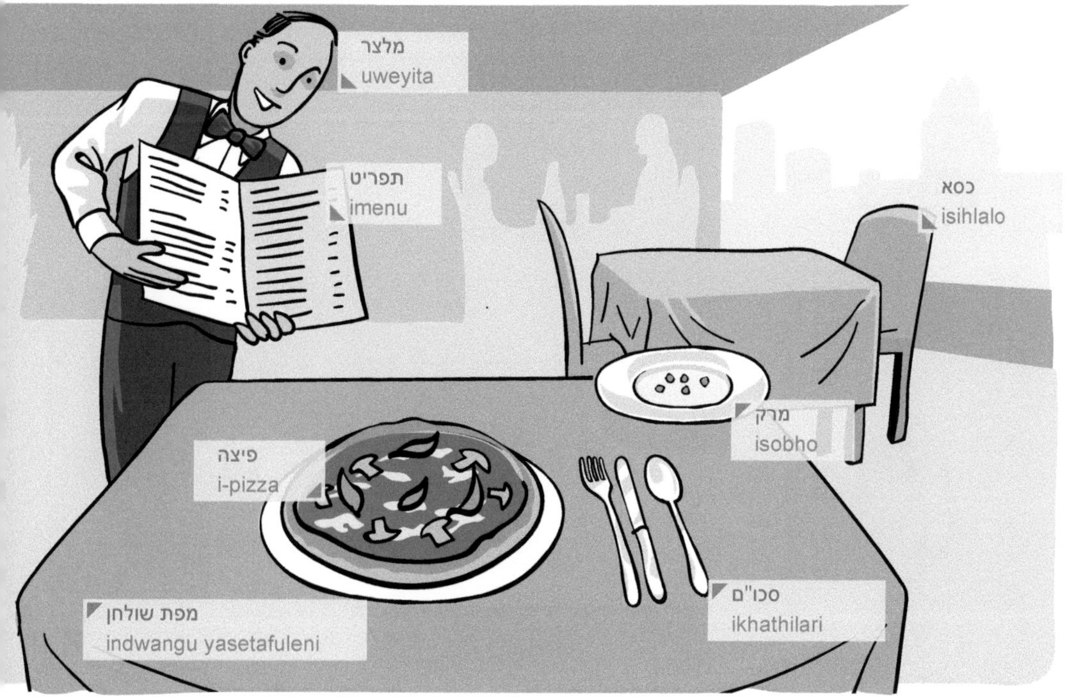

מלצר
uweyita
תפריט
imenu
כסא
isihlalo
מרק
isobho
פיצה
i-pizza
סכו"ם
ikhathilari
מפת שולחן
indwangu yasetafuleni

מנת פתיחה
....
ukudla okulula

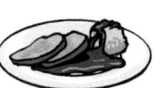

מנה עיקרית
....
isidlo

קינוח
....
idizethi

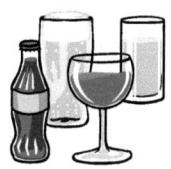

שתיות
....
iziphuzo

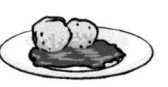

אוכל
....
ukudla

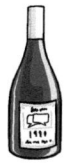

בקבוק
....
ibhodlela

מזון מהיר

ukudla okulula

אוכל רחוב

ukudla okudayiswa
emgwaqeni

קנקן תה

ithiphothi

מסכרת

isitsha sikashukela

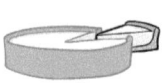

מנה

ingxenye

מכונת אספרסו

umshini we-ekspreso

כסא תינוק

isitulo esiphezulu

חשבון

izindleko

מגש

ithreyi

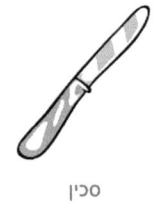

סכין

ummese

מזלג

imfologo

כף

ispuni

כפית

ithispuni

מפית

indawo yokusula umlomo

כוס

igilasi

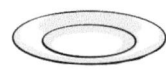

צלחת
ipuleti

קערת מרק
ipuleti lesobho

תחתית
isoso

רוטב
isosi

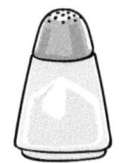

מלחייה
isitsha sasawoti

מטחנת פלפל
isitsha sephepha

חומץ
uviniga

שמן
amafutha

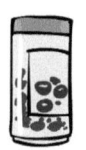

תבלינים
izinongo

קטשופ
isosi yetamatisi

חרדל
isosi yesinaphi

מיונז
imayonesi

סופרמרקט

emakethe enkulu

מבצע
amanani akhethekile
FOR
לקוח
ikhasimende
מוצרי חלב
ukudla okwenziwe ngobisi
פירות
isithelo
עגלת קניות
ithroli

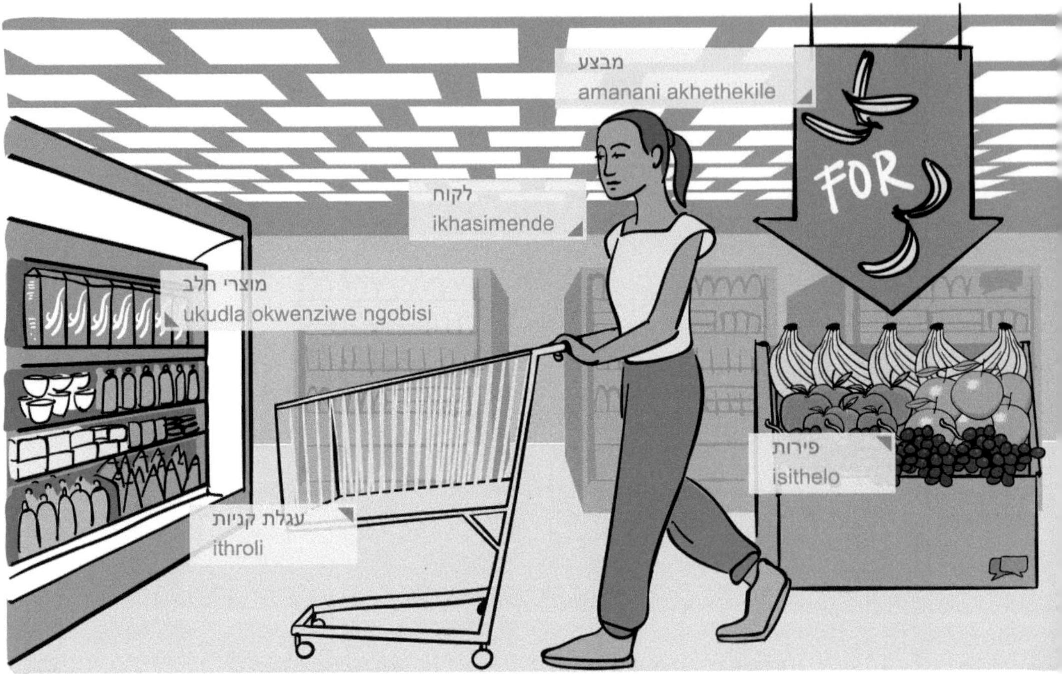

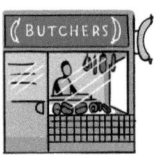

BUTCHERS

אטליז

ebhusha

BAKERY

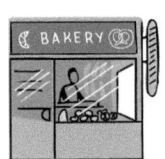

מאפייה

isitolo esidayisa isinkwa

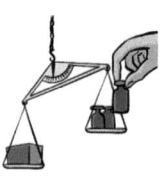

שקל

kala

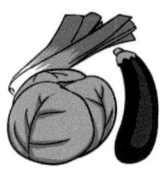

ירקות

amaveji

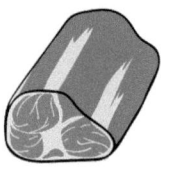

בשר

inyama

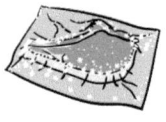

מזון קפוא

ukudla okubandayo

בשר קר
inyama ebandayo

שימורים
ukudla okusethinini

אבקת כביסה
insipho yokuwasha
enguphawuda

ממתקים
oswidi

מוצרי בית
izinto zasendlini

חומר ניקוי
izinto zokuhlanza

מוכרת
umuntu odayisayo

קופה
ithili

קופאי
umbali wemali

רשימת קניות
iinto okumelwe zithengwe

שעות פתיחה
amahora okuvula

ארנק
uwolethi

כרטיס אשראי
ikhadi lesikweletu

תיק
isikhwama

שקית נילון
isikwama sepulastiki

מים

amanzi

מיץ

ijusi

חלב

ubisi

קולה

i-coke

יין

iwayini

בירה

ubhiya

אלכוהול

utshwala

קקאו

i-cocoa

תה

itiye

קפה

ikhofi

אספרסו

i-ekspreso

קפוצ'ינו

ikhaphachino

בננה

ubhanana

תפוח

i-apula

תפוז

i-olintshi

אבטיח

ikhabe

לימון

ulamula

גזר

ukherothi

שום

ugaligi

במבוק

umhlanga

בצל

u-anyanisi

פטריות

ikhowe

אגוזים

amakinati

אטריות

ama-noodle

ספגטי

isipagethi

אורז

iraysi

סלט

isaladi

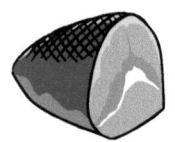

צ'יפס

ama-chips

צ'יפס

amazambane athosiwe

פיצה

i-pizza

המבורגר

ibhega

כריך

isendiwichi

שניצל

inyama engenathambo

שינקין

ham

סלאמי

salami

נקניקיה

isoseji

עוף

inkukhu

טיגון

yosiwe

דג

inhlanzi

שיבולת שועל

iphalishi le-oats

מוזלי

i-muesli

קורנפלקס

ama-cornflakes

קמח

uflulawa

קרואסון

i-croissant

לחמנייה

isinkwa esiyiroli

לחם

isinkwa

טוסט

i-toast

עוגיות

amabhiskidi

חמאה

ibhotela

גבינה לבנה

i-curd

עוגה

ikhekhe

ביצה

iqanda

ביצת עין

iqanda elithosiwe

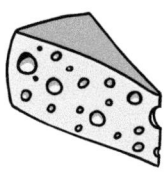

גבינה

ushizi

גלידה
i-ice cream

סוכר
ushukela

דבש
uju

ריבה
ujamu

ממרח נוגט
ispredi sikashokholedi

קארי
isitshulu

חווה
ifamu

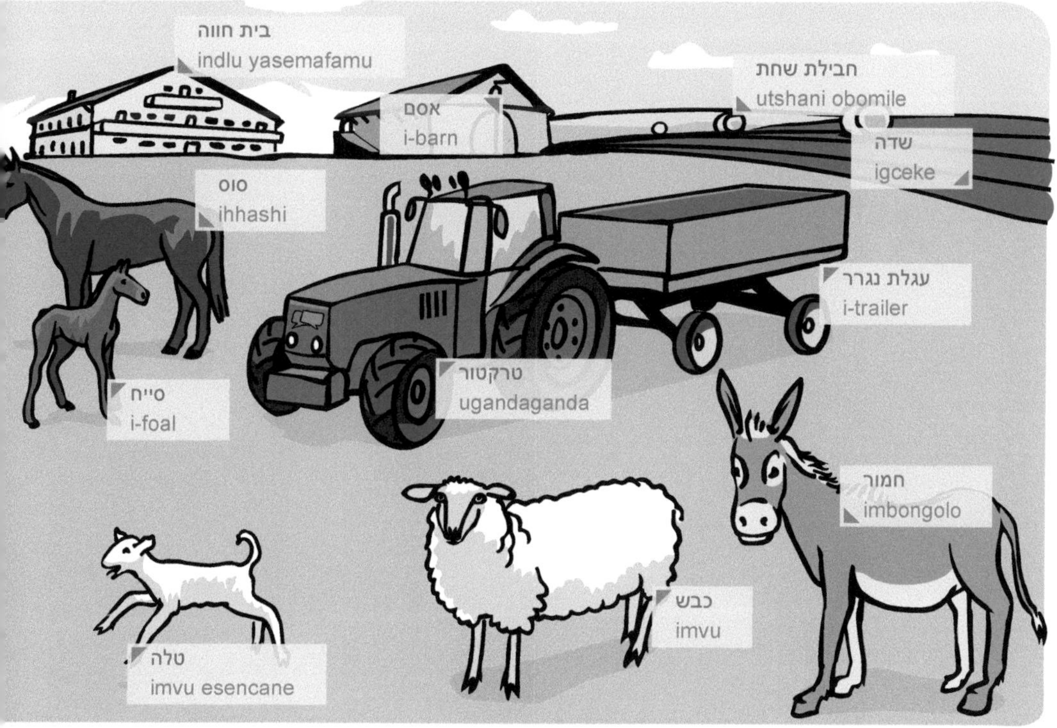
בית חווה
indlu yasemafamu
אסם
i-barn
חבילת שחת
utshani obomile
שדה
igceke
סוס
ihhashi
עגלת נגרר
i-trailer
טרקטור
ugandaganda
סייח
i-foal
חמור
imbongolo
כבש
imvu
טלה
imvu esencane

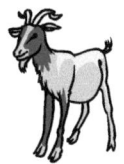

עז

imbuzi

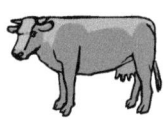

פרה

inkomo

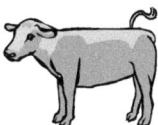

עגל

ithole

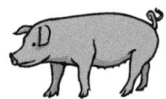

חזיר

ingulube

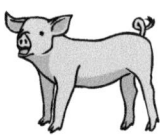

חזרזיר

ingulube esencane

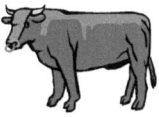

שור

inkunzi

אווז

ihansi

ברווז

idada

אפרוח

ichwane

תרנגולת

isikhukhukazi

תרנגול

iqhude

חולדה

igundwane

חתול

ikati

עכבר

igundwane

שור

inkabi

כלב

inja

מלונה

indlu yenja

צינור השקיה

ipayipi lokunisela

קנקן מים

ikani lokunisela

חרמש

ucelemba

מחרשה

igeja

מגל

isikela

מגרפה

ukhuba

קלשון

imfoloko

גרזן

imbazo

מריצה

ibhala

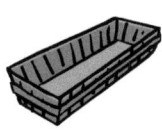

שוקת

umkhombe

כד חלב

ubusi olusekanini

שק

isaka

גדר

ifensi

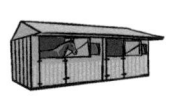

אורווה

esitebhilini

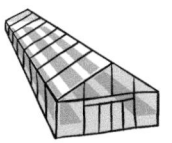

חממה

i-greenhouse

אדמה

inhlabathi

זרע

imbewu

דשן

umanyolo

מקצרה

ukuvuna okuhlanganisiwe

קצר
vuna

קציר
isivuno

בטטה אפריקנית
ama-yam

חיטה
ukolweni

סויה
umbhontshisi

תפוח אדמה
amazambane

תירס
ummbila

קנולה
i-rapeseed

עץ פירות
isihlahla sezithelo

קסבה
umdumbula

דגנים
amasiriyeli

בית

indlu

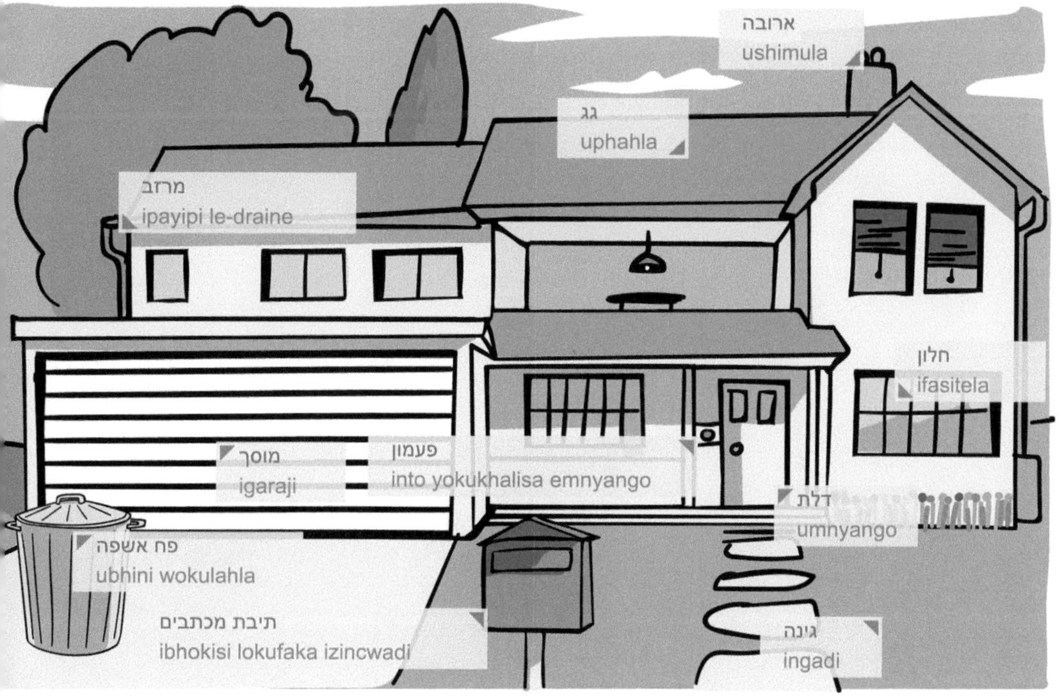

ארובה
ushimula
גג
uphahla
מרזב
ipayipi le-draine
חלון
ifasitela
מוסך
igaraji
פעמון
into yokukhalisa emnyango
דלת
umnyango
פח אשפה
ubhini wokulahla
תיבת מכתבים
ibhokisi lokufaka izincwadi
גינה
ingadi

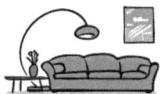

סלון

igumbi lokuhlala

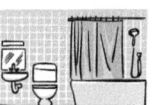

חדר אמבטיה

igumbi lokugeza

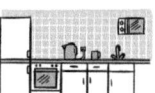

מטבח

ikhishi

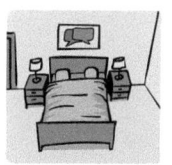

חדר שינה

igumbi lokulala

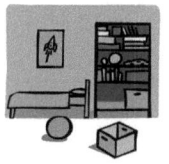

חדר ילדים

igumbi lezingane

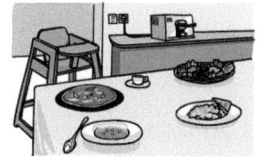

חדר אוכל

igumbi lokudlela

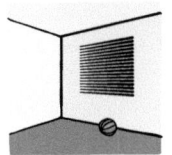

רצפה
phansi

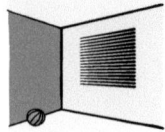

קיר
udonga

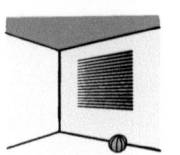

תקרה
usilingi

מרתף
i-cella

סאונה
i-sauna

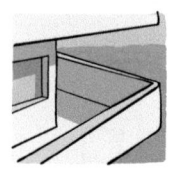

מרפסת
ibhalconi

מרפסת
i-terrace

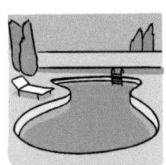

בריכה
iphuli

מכסחת דשא
umshin wokugunda utshani

סדין
ishidi

כיסוי מיטה
ingubo yokulala

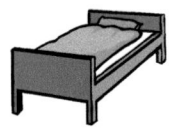

מיטה
umbhede

מטאטא
umshanelo

דלי
ibhakede

מפסק
i-switch

סלון
igumbi lokuhlala

טפט
i-wallpaper
תמונה
isithombe
מנורה
ilambu
מדף
ishalofu
ארון
ibhodi lenkomishi
טלוויזיה
umabonakude
אח
indawo yomlilo
פרח
imbali
כרית
ikhushini
ספה
usofa
אגרטל
ivasi
שלט רחוק
i-remote control

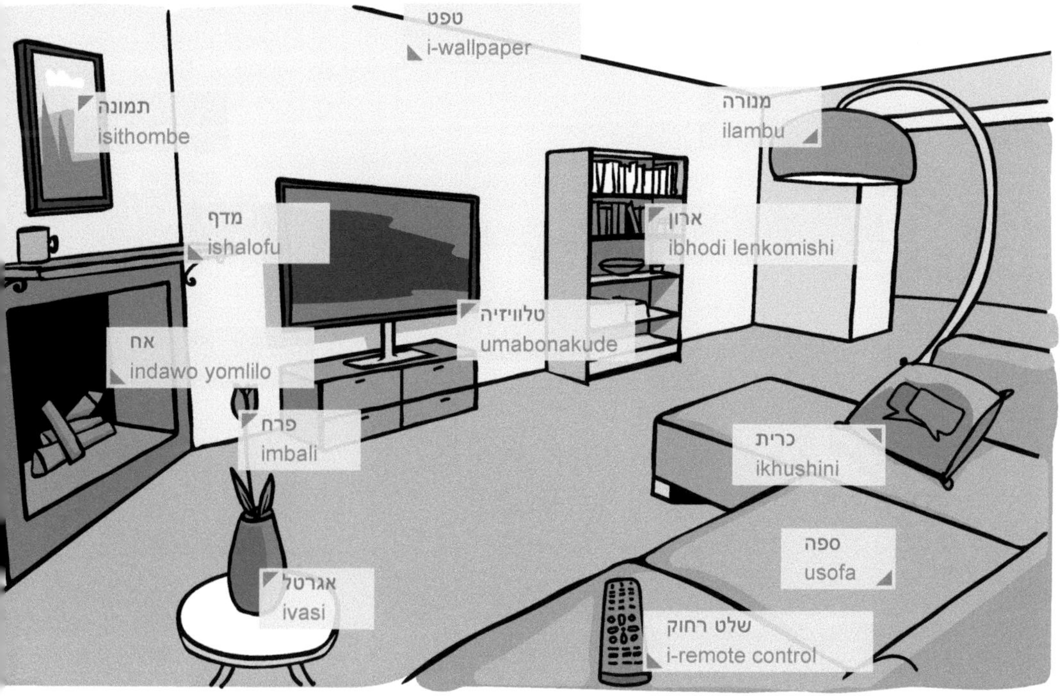

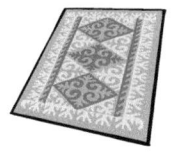

שטיח

ukhaphethe

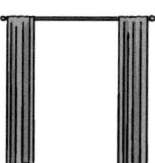

וילון

ikhethini

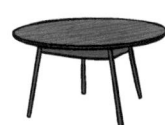

שולחן

itafula

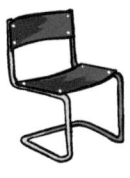

כסא

isihlalo

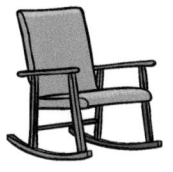

כיסא נדנדה

isihlalo esinyakazayo

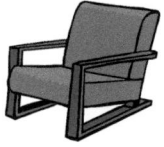

כורסה

isihlalo esingangengalo

ספר

incwadi

שמיכה

ingubo

דקורציה

ukuhlobisa

עצי הסקה

izinkuni zokubasa

סרט

ifilimu

מערכת סטריאו

izinto ze-hi-fi

מפתח

ukhiye

עיתון

iphephandaba

ציור

ukupenda

פוסטר

iphosta

רדיו

umsakazo

מחברת

i-notepad

שואב אבק

ihuva

קקטוס

i-cactus

נר

ikhandlela

מטבח
ikhishi

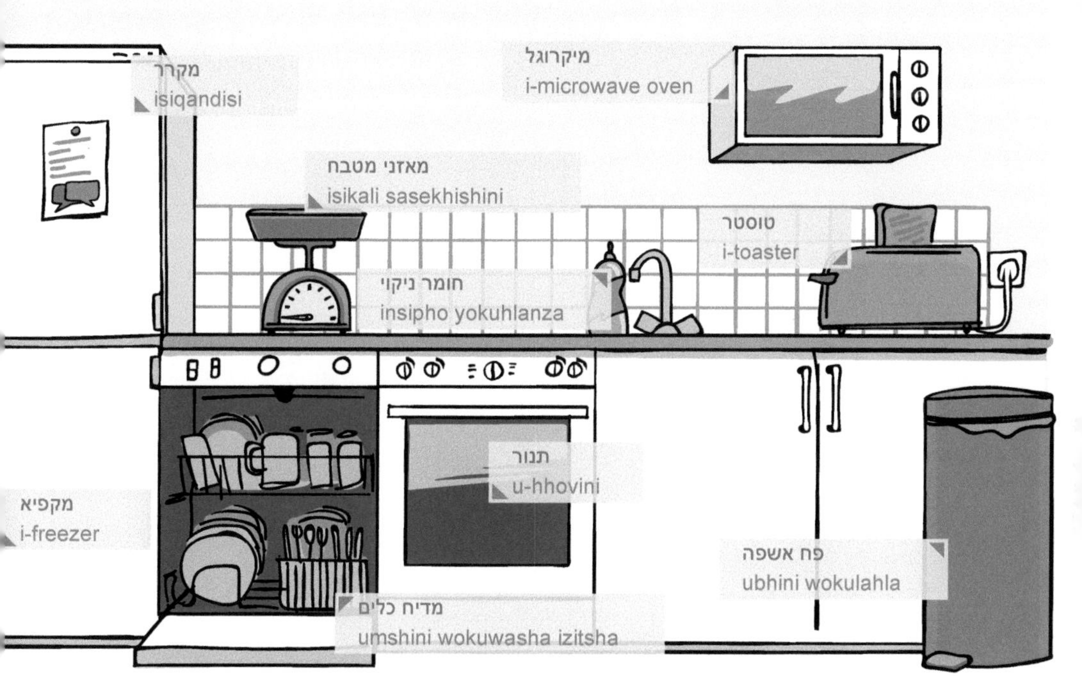
מקרר
isiqandisi
מיקרוגל
i-microwave oven
מאזני מטבח
isikali sasekhishini
טוסטר
i-toaster
חומר ניקוי
insipho yokuhlanza
תנור
u-hhovini
מקפיא
i-freezer
פח אשפה
ubhini wokulahla
מדיח כלים
umshini wokuwasha izitsha

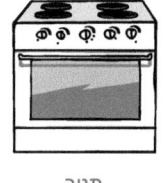

תנור
umshini wokupheka

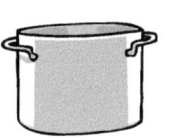

סיר
ibhodwe

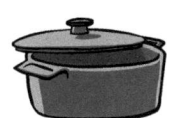

סיר ברזל
ibhodwe le-cast iron

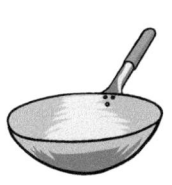

ווק
i-wok / kadai

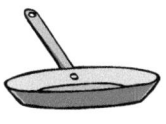

מחבת
ipani

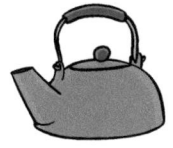

קומקום חשמלי
iketela

מאדה

i-steamer

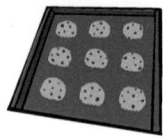

מגש אפייה

ithreyi lokubhaka

כלי אוכל

izitsha zokudla

ספל

imaki

קערה

isitsha

צ'ופסטיקס

izinti zendwangu

מצקת

isixembe sokuphaka

מרית

ispathula

מטרפה

i-whisk

מסננת בישול

i-strainer

מסננת

isisefo

מגרדת

igretha

מכתש

isitsha sodaka

גריל

i-barbecue

מדורה

umlilo

קרש חיתוך

ibhodi lokuqoba

מערוך

ipini lokurola

פותחן פקקים

iskrew

פחית

ikani

פותחן קופסאות

into yokuvula ikani

מטלית

indwangu yokubamba
ibhodwe

כיור

usinki

מברשת

i-brush

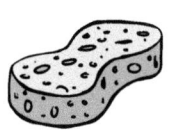

ספוג

isiponji

בלנדר

ibhlenda

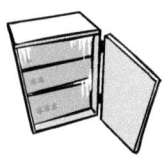

מקפיא

i-deep freezer

בקבוק לתינוק

ibhodlela lengane

ברז

umpompi

חדר אמבטיה
igumbi lokugeza

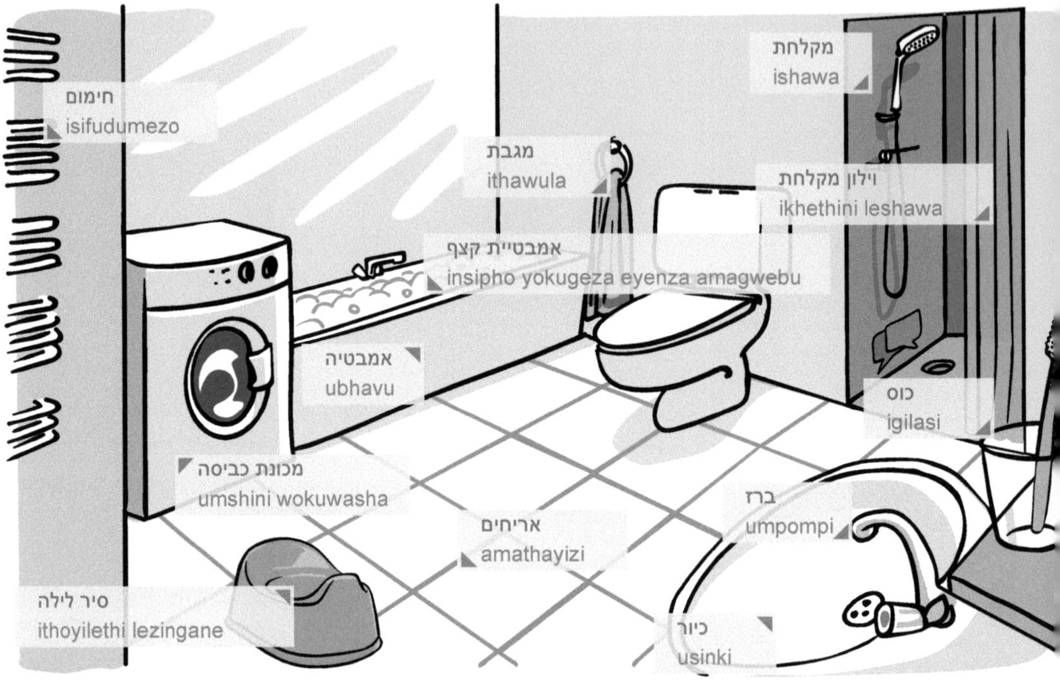

מקלחת
ishawa
חימום
isifudumezo
מגבת
ithawula
וילון מקלחת
ikhethini leshawa
אמבטיית קצף
insipho yokugeza eyenza amagwebu
אמבטיה
ubhavu
כוס
igilasi
מכונת כביסה
umshini wokuwasha
ברז
umpompi
אריחים
amathayizi
סיר לילה
ithoyilethi lezingane
כיור
usinki

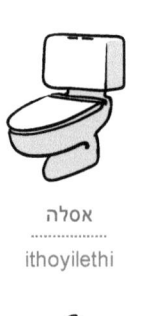

אסלה

ithoyilethi

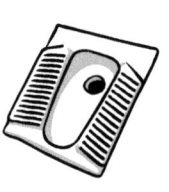

אסלת כריעה

ithoyilethi oqoshama kuyo

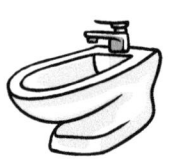

בידה

ithoyilethi le-bidet

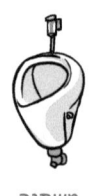

משתנה

ithoyilethi lokuchama labesilisa

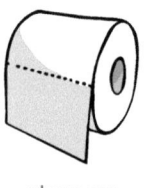

נייר טואלט

iphepha lasethoyilethi

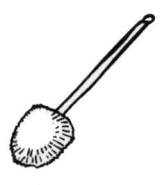

מברשת אסלה

ibhrashi lasethoyilethi

מברשת שיניים

ibhrashi lamazinyo

משחת שיניים

insipho yamazinyo

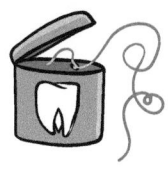

חוט דנטלי

into yokuvungula

שטף

washa

מקלחת יד

ishawa ebanjwa ngesandla

צינור שטיפה לשירותים

uchatho

קערת רחצה

u-basini

מברשת גב

ibrashi lomhlane

סבון

insipho

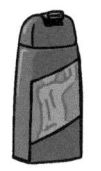

ג'ל רחצה

ijeli yeshawa

שמפו

ishampu

ליפה

ishethi lesikoshi

ניקוז

i-drain

קרם

ukhilimu

דיאודורנט

into yokugcoba
amakhwapha

מראה

isibuko

מראת יד

isibuko esiphathwa
ngesandla

סכין גילוח

ireyza

קצף גילוח

igwebu lokushefa

אפטרשייב

umuthi ogcotshwa ngemva
kokushefa

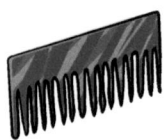

מסרק

ikama

מברשת

ibhrashi

מייבש שיער

into yokomisa izinwele

ספריי לשיער

ispreyi sezinwele

איפור

i-makeup

שפתון

into yokugcoba umlomo

לק

into yokususa upende
wezinzipho

צמר גפן

uwuli kakotini

מספריים לציפורניים

isikelo sezinzipho

בושם

isigqolo

תיק כלי רחצה

isikhwama sezinto
zokugeza

שרפרף

isitulo

משקל

isikali

חלוק רחצה

ingubo yokugeza

כפפות גומי

amagilavu erabha

טמפון

ithemponi

תחבושת סניטרית

iphedi yasesikhathini

שירותים כימיקליים

ithoyilethi lekhemikhali

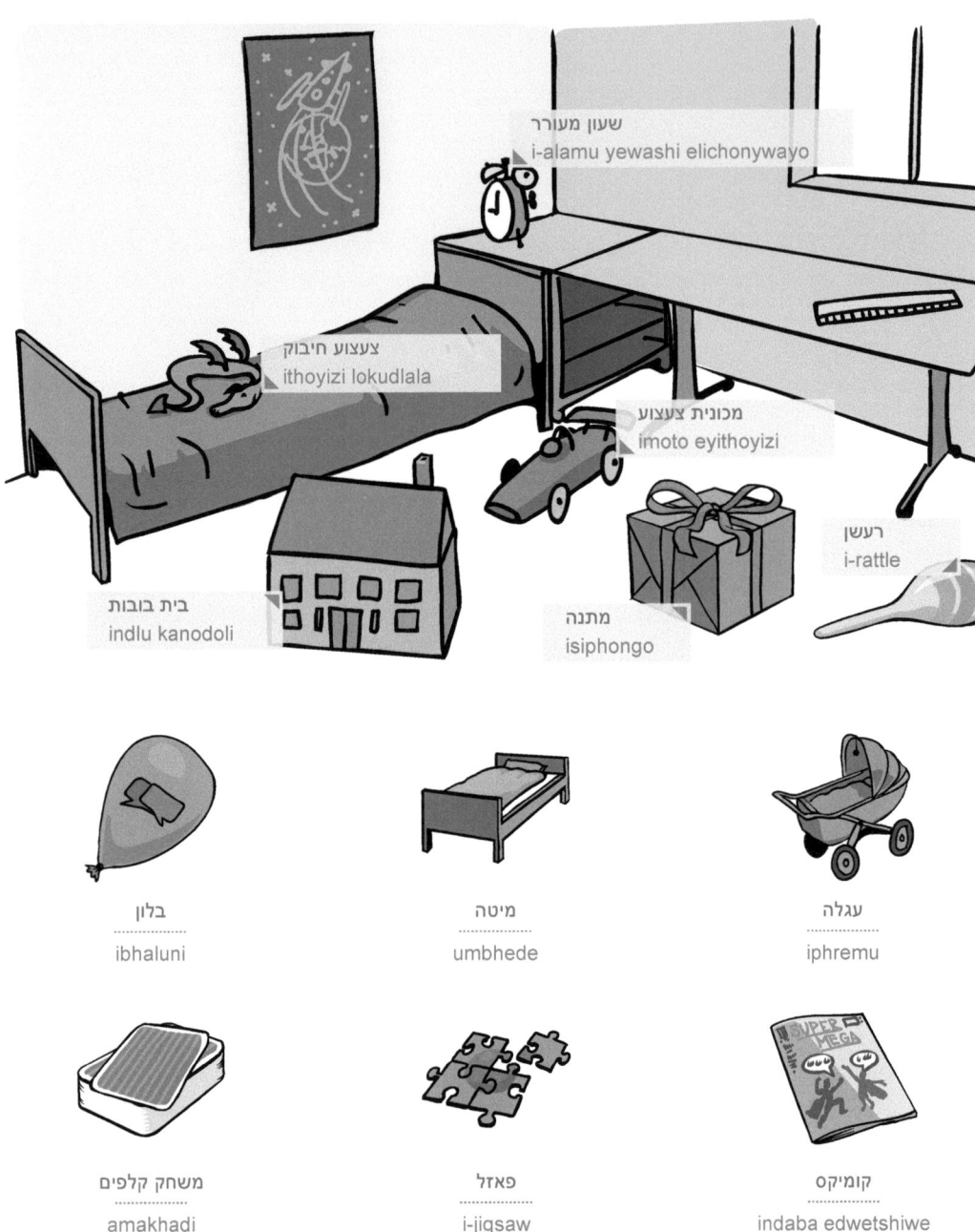

שעון מעורר
i-alamu yewashi elichonywayo

צעצוע חיבוק
ithoyizi lokudlala

מכונית צעצוע
imoto eyithoyizi

רעשן
i-rattle

בית בובות
indlu kanodoli

מתנה
isiphongo

בלון
ibhaluni

מיטה
umbhede

עגלה
iphremu

משחק קלפים
amakhadi

פאזל
i-jigsaw

קומיקס
indaba edwetshiwe

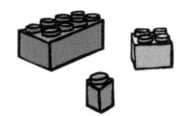

לגו
amabrick elego

קוביות משחק
amabhuloksi okwakha

דמות משחק
unodoli weqhawe

סרבל תינוקות
izimpahla zezingane

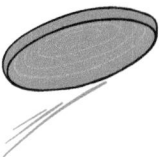

פריזבי
i-frisbee

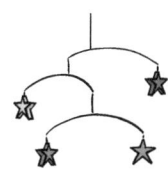

נייד
amathoyizi ezingane
alengayo

משחק לוח
ibhodi lokudlala igemu

קוביה
idayisi

רכבת צעצוע
isethi yesitimela

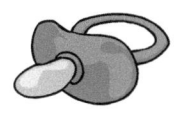

מוצץ
idemu

מסיבה
iphathi

אלבום תמונות
incwadi yezithombe

כדור
ibhola

בובה
unodoli

שיחק
dlala

ארגז חול

umgodi wenhlabathi

נדנדה

uzwinki

צעצועים

amathoyizi

קונסולת משחקים

umshini wamavidiyo geymu

אופניים תלת גלגלי

ibhayisikili elinemasondo
amathathu

דובון

uthedibhe

ארון בגדים

u-wardrobe

בגדים

izimpahla

גרביים

amasokisi

גרביונים

amastokhingi

גרביון

amathayithi

צעיף
isikhafu

מטריה
i-amburela

חולצת טי
ishethi

חגורה
ibhande

מגפיים
amabhuthi

נעלי בית
izicathulo zokulala

נעלי ספורט
abaqeqeshi

סנדלים
amasandali

נעליים
izicathulo

מגפי גומי
amabhuthi erabha

תחתונים
iphenti

חזייה
u-bra

וסט
ivesti

גוף
umzimba

מכנסיים
amabhulukwe

ג'ינס
amajini

חצאית
isiketi

חולצה מכופתרת
isikibha

חולצה
ishethi

אפודה
ijezi elinezigqoko

סווצ'ר עם קפוצ'ון
i-hoodie

בלייזר
ibhuleyiza

ז'קט
ijakhethi

מעיל
ijazi

מעיל גשם
i-raincoat

תלבושת
ikhosyumu

שמלה
ingubo

שמלת כלה
ingubo yomshado

חליפה
isudu

כותונת לילה
ingubo yokulala

פיג'מה
amaphijama

סארי
ingubo yesari

מטפחת ראש
isikhafu

טורבן
isigqoko se-turban

בורקה
ibhukha

קאפטן
ingubo yekaftani

עבאיה
abaya

בגד ים
impahla yokubhukuda

בגד ים
amathranki

מכנסיים קצרים
isikhindi

בגד אימון
i-tracksuit

סינר
ingubo yokupheka

כפפות
amagilavu

כפתור

ibhathini

משקפיים

izibuko

צמיד יד

ibhengela

שרשרת

umgexo

טבעת

indandatho

עגיל

amacici

כובע

ikepisi

קולב

into yokuhenga ijazi

כובע

isigqoko

עניבה

uthayi

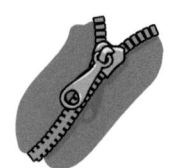

רוכסן

uziphu

קסדה

ihelmethi

כתפיות

ama-braces

תלבושת בית ספר

iyunifomu yesikole

מדים

iyunifomu

מפית אוכל

ibhayi lengane

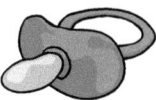

מוצץ

idemu

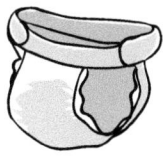

חיתול

inabukeni

משרד
i-ofisi

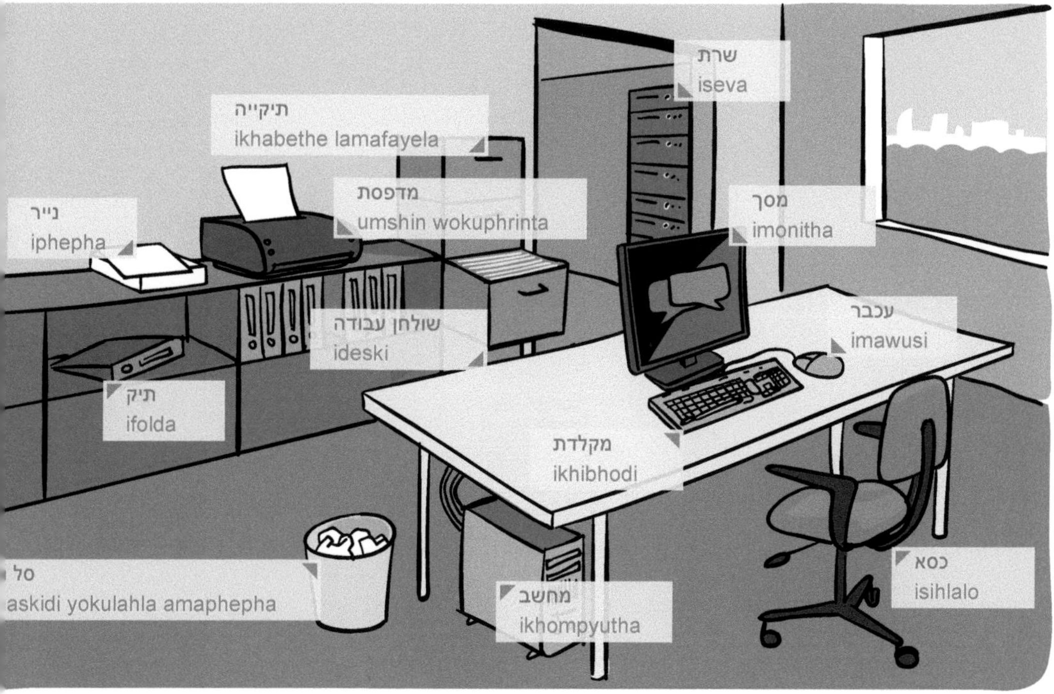

שרת
iseva

תיקייה
ikhabethe lamafayela

מדפסת
umshin wokuphrinta

מסך
imonitha

נייר
iphepha

עכבר
imawusi

שולחן עבודה
ideski

תיק
ifolda

מקלדת
ikhibhodi

סל
askidi yokulahla amaphepha

מחשב
ikhompyutha

כסא
isihlalo

ספל קפה

imagi yekhofi

מחשבון

ikhalkhuletha

אינטרנט

i-inthanethi

מחשב נייד

ilephuthophu

מכתב

incwadi

הודעה

umyalezo

נייד

ifoni

רשת

inethiwekhi

מכונת צילום

ifothokhophi

תוכנה

i-software

טלפון

ucingo

שקע

indawo yokupulaka

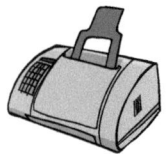

פקס

umshini wokufeksa

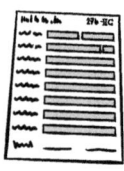

טופס

ifomu

מסמך

idokhumenti

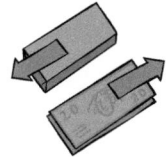

קנה

thenga

שילם

khokha

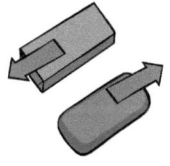

סחר

shintshana

כסף

imali

דולר

idola

יורו

i-euro

ין

iyen

רובל

i-rouble

פרנק שווייצרי

iSwiss franc

יואן רנמינבי

i-renminbi yuan

רופי

i-rupee

כספומט

umshini wokukhipha imali

המרת מטבע

i-bureau de change

זהב

igolide

כסף

isiliva

נפט

amafutha

אנרגיה

amandla

מחיר

inani lemali

חוזה

ukuxhumana

מס

intela

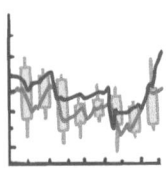

מנייה

isitokwe

עבד

sebenza

עובד

isisebenzi

מעסיק

umqashi

מפעל

ifekthri

חנות

esitolo

מקצועות
imisebenzi

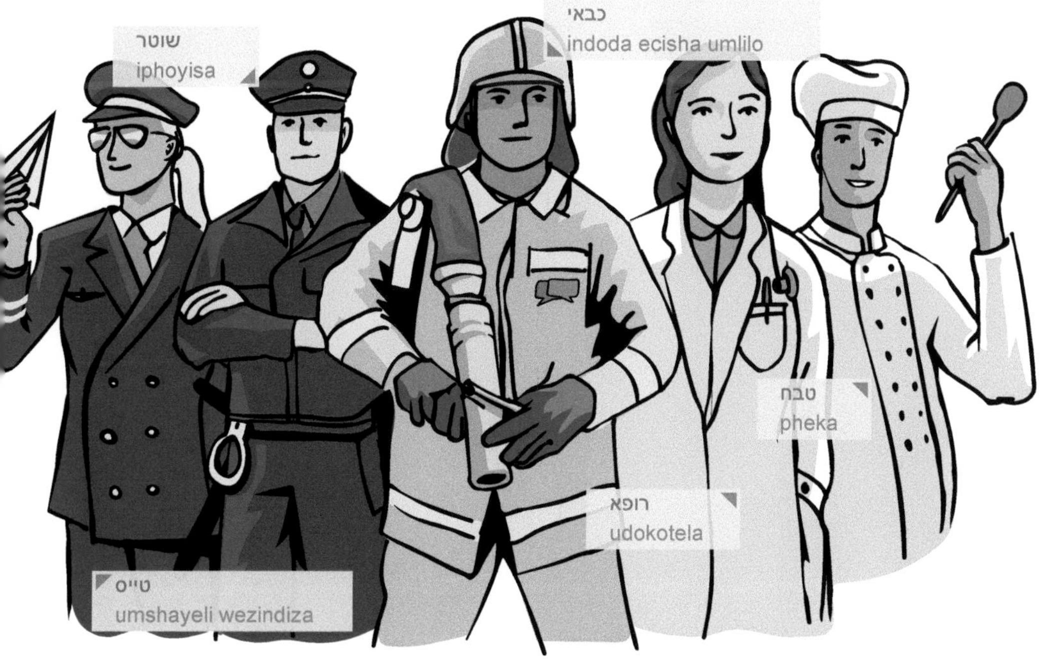

כבאי
indoda ecisha umlilo
שוטר
iphoyisa
טבח
pheka
רופא
udokotela
טייס
umshayeli wezindiza

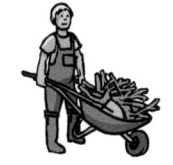

גנן

muntu onakekela ingadi

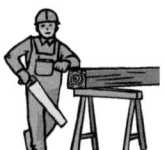

נגר

umbazi

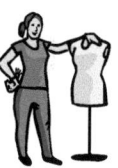

תופרת

umthungi

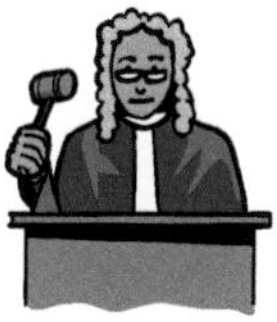

שופט

ijaji

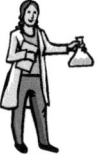

כימאי

umuntu osebenza ekhemisi

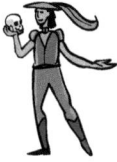

שחקן

umlingisi

נהג אוטובוס

umshayeli webhasi

נהג מונית

umshayeli wetekisi

דייג

indoda edoba izinhlanzi

עובדת נקיון

owesifazane ohlanzayo

מתקן גגות

umuntu olungisa uphahla

מלצר

uweyita

צייד

umzingeli

צייר

umuntu opendayo

אופה

umbhaki

חשמלאי

umuntu osebenza ngogesi

עובד בניין

umakhi

מהנדס

unjiniyela

קצב

indawo edayisa inyama

אינסטלטור

umuntu osebenza
ngamapayipi

דוור

indoda yaseposini

חייל

isosha

אדריכל

umdwebi wezakhiwo

קופאי

umbali wemali

מוכר פרחים

umuntu otshala izimbali

ספר

umuntu owenza izinwele

כרטיסן

umqondisi wasesitimeleni

מכונאי

umakhenikha

קברניט

ukaputeni

רופא שיניים

udokotela wamazinyo

מדען

usosayensi

רב

urabi

אימאם

imam

נזיר

indela

כומר

umfundisi

כלי עבודה
amathuluzi

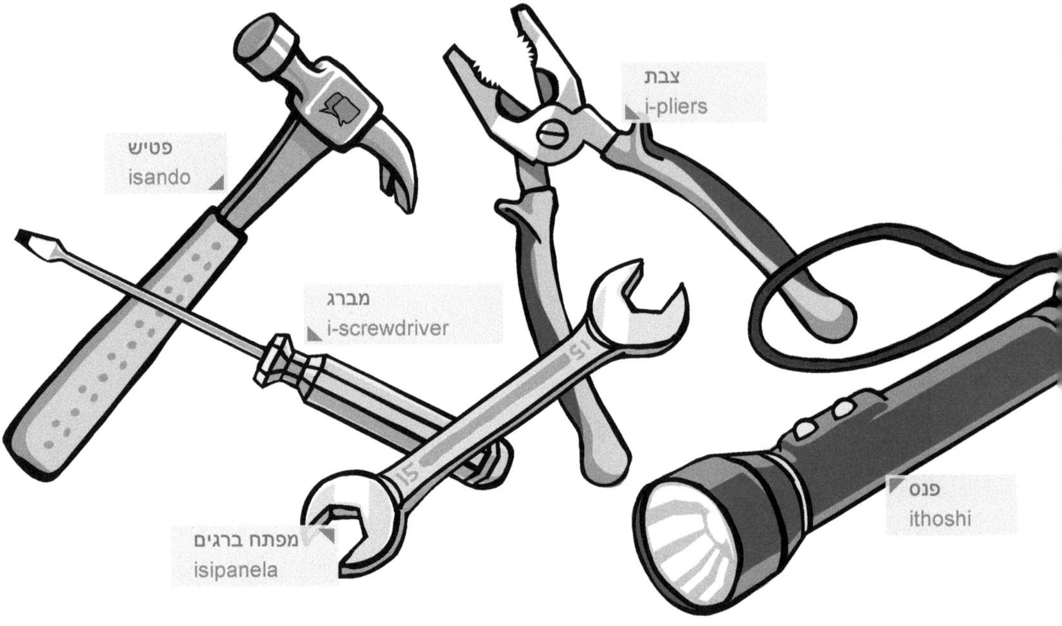

צבת
i-pliers
פטיש
isando
מברג
i-screwdriver
פנס
ithoshi
מפתח ברגים
isipanela

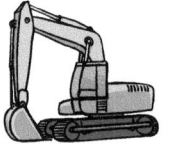

דחפור

umshini wokumba

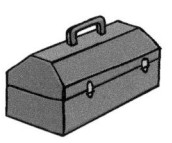

ארגז כלים

ibhokisi lamathuluzi

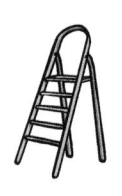

סולם

isitebhisi

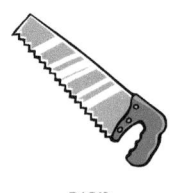

מסור

isaha

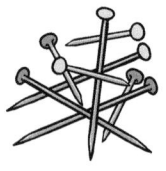

מסמרים

izinzipho

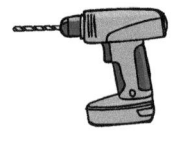

מקדחה

i-drill

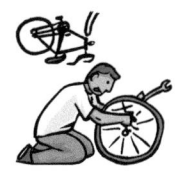

תיקן

lungisa

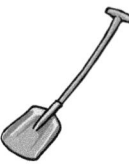

את חפירה

ifosholo

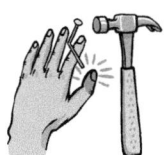

!לעזאזל

Damethi!

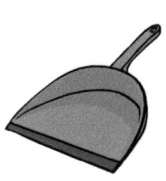

יעה

idastipheni

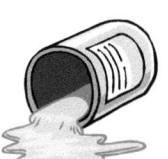

פח צבע

ithini likapende

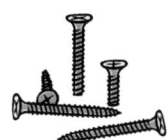

ברגים

i-screws

כלי נגינה
izinsimbi zomculo

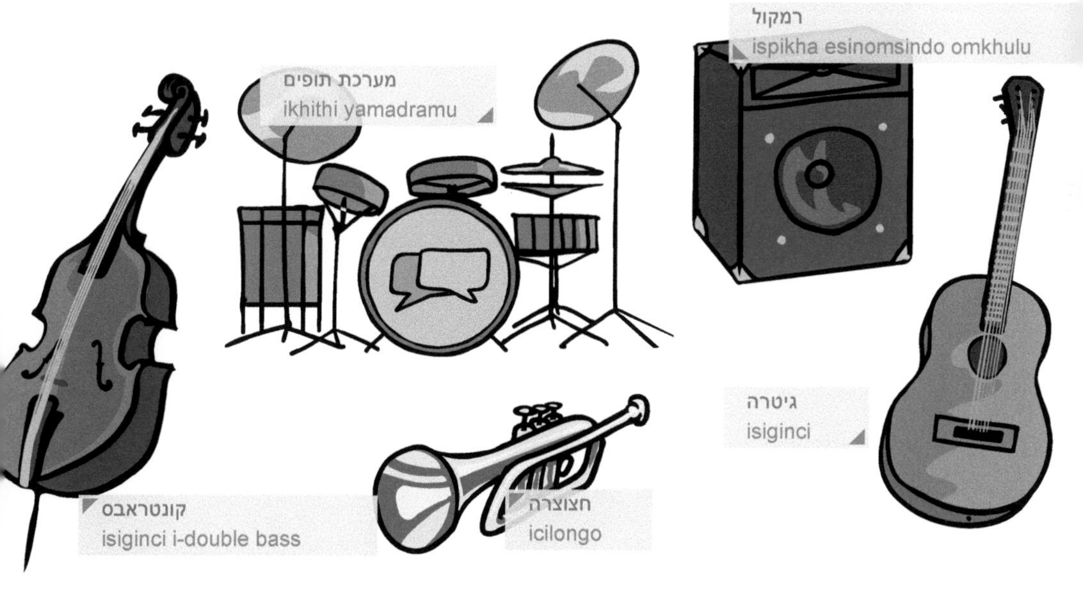
רמקול
ispikha esinomsindo omkhulu
מערכת תופים
ikhithi yamadramu
גיטרה
isiginci
קונטראבס
isiginci i-double bass
חצוצרה
icilongo

פסנתר

ipiyano

כינור

ivayolini

בס

i-bass

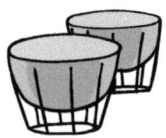

תוף הדוד

ithimpani

תופים

amadramu

מקלדת פסנתר

i-keyboard

סקסופון

i-saxophone

חליל

umtshingo

מיקרופון

imakhrofoni

גן חיות

esiqiwini

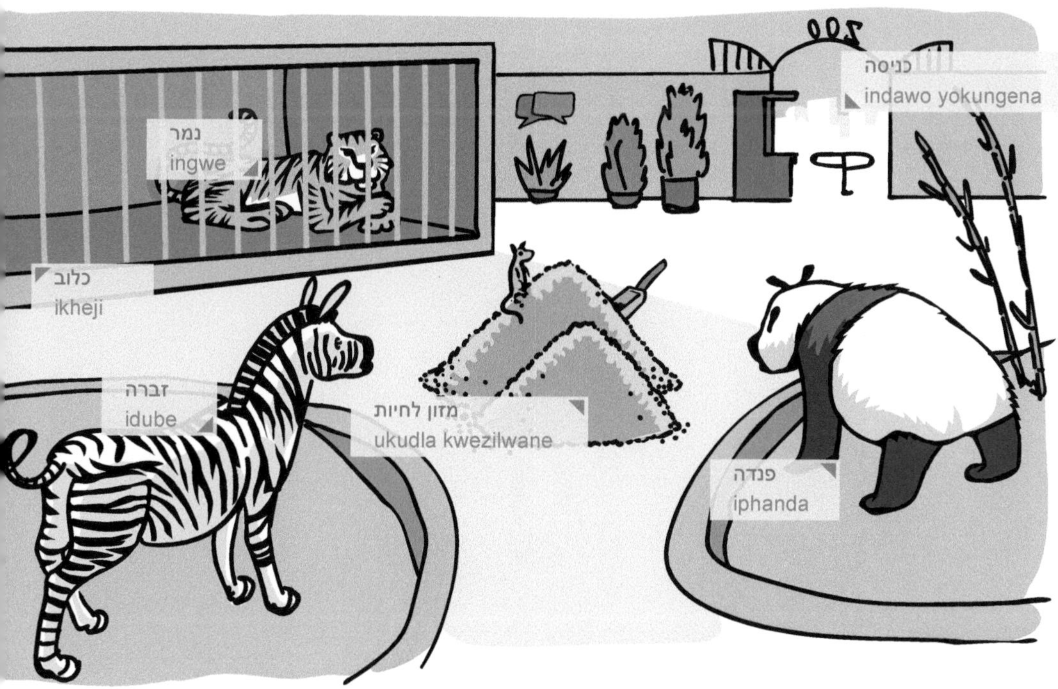

כניסה
indawo yokungena
נמר
ingwe
כלוב
ikheji
זברה
idube
מזון לחיות
ukudla kwezilwane
פנדה
iphanda

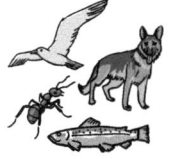

בעלי חיים

izilwane

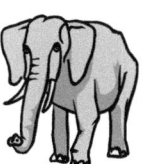

פיל

indlovu

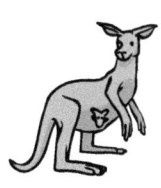

קנגרו

ikhangaru

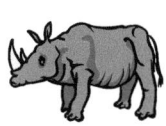

קרנף

ubhejane

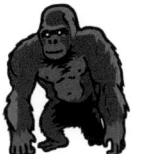

גורילה

igorila

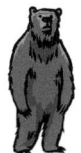

דוב

ibhele

גמל

ikamela

יען

intshe

אריה

ingonyama

קוף

inkawu

פלמינגו

i-flamingo

תוכי

upholi

דוב הקרח

ibhele laseqhweni

פינגווין

iphenguwini

כריש

ushaka

טווס

ipigogo

נחש

inyoka

תנין

ingwenya

שומר גן החיות

umgcini wezilwane

כלב ים

isilwane saseqhweni

יגואר

ijaguwa

סוס פוני

iponi

לאופרד

ingwe

היפופוטאם

imvubu

ג'ירפה

indlulamithi

נשר

ukhozi

חזיר בר

intibane

דג

inhlanzi

צב

ufudu

סוס ים

i-walrus

שועל

ujakalase

איילה

inyamazane igazele

imidlalo

פוטבול אמריקאי
ibhola lezinyawo laseMelika

רכיבת אופניים
umdlali webhayisikili

טניס
ithenisi

כדורסל
ibhola lomnqankiswano

שחיה
ukubhukuda

אגרוף
isibhakela

הוקי
i-ice hockey

כדורגל
ibhola lezinyawo

בדמינטון
i-badminton

אתלטיקה
abasubathi

כדור-יד
ibhola lezandla

עשה סקי
ukushushuluza

פולו
ipolo

צחק
hleka

קפץ
gxuma

חיבק
haga

הלך
hamba

שר
cula

חלם
phupha

התפלל
thandaza

נשק
cabuza

כתב	צייר	הראה
bhala	dweba	bonisa

דחף	נתן	לקח
phusha	nikeza	thatha

יש / להיות הבעלים

yiba

עשה

yenza

היה

yiba

עמד

sukuma

רץ

gijima

משך

donsa

זרק

phonsa

נפל

yiwa

שכב

amanga

חיכה

linda

סחב

thwala

ישב

hlala

התלבש

gqoka

ישן

lala

התעורר

vuka

הסתכל ב-

bukela

בכה

khala

ליטף

qhweba

סירק

kama

דיבר

khuluma

הבין

qonda

שאל

buza

שמע

lalela

שתה

phuza

אכל

idla

סידר

coca

אהב

thanda

בישל

pheka

נהג

shayela

עף

ndiza

שט

hamba ngomkhumbi

חישב

bala

קרא

funda

למד

funda

עבד

sebenza

התחתן

shada

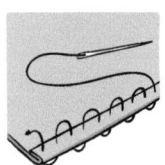

תפר

thunga

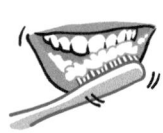

ציחצח שיניים

geza amazinyo

הרג

bulala

עישן

bhema

שלח

thumela

משפחה
umndeni

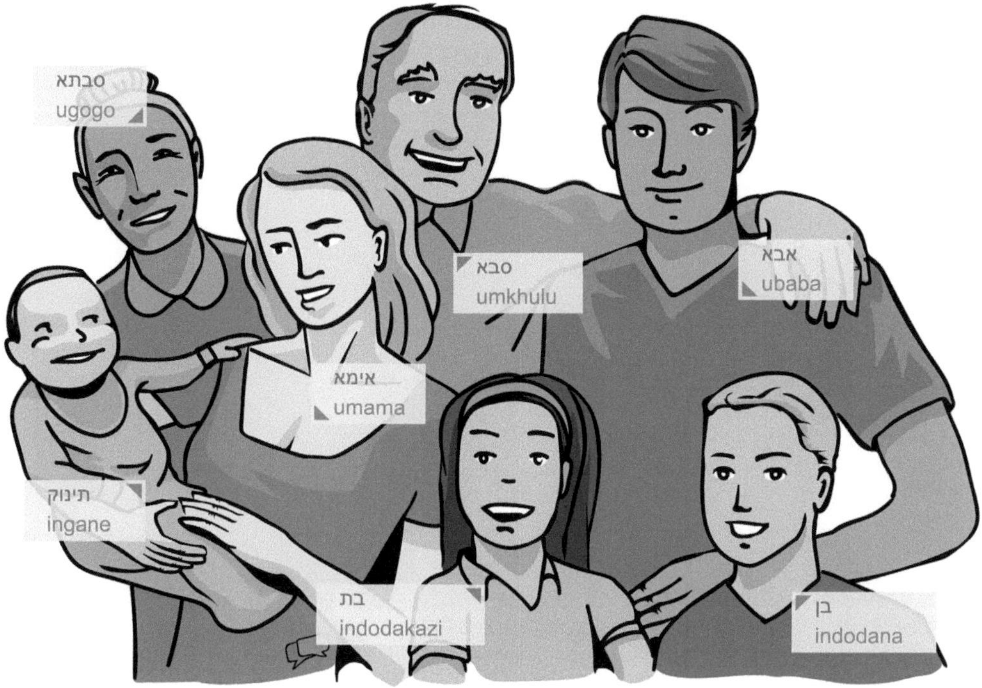

סבתא
ugogo
סבא
umkhulu
אבא
ubaba
אימא
umama
תינוק
ingane
בת
indodakazi
בן
indodana

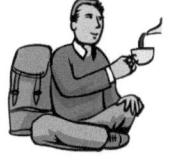

אורח
isivakashi

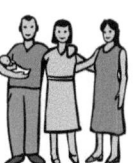

דודה
u-anti

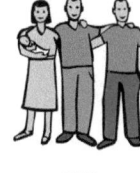

דוד
umalume

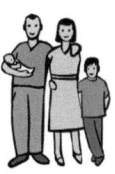

אח
umfowethu

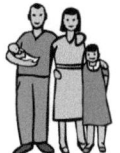

אחות
udadewethu

גוף

umzimba

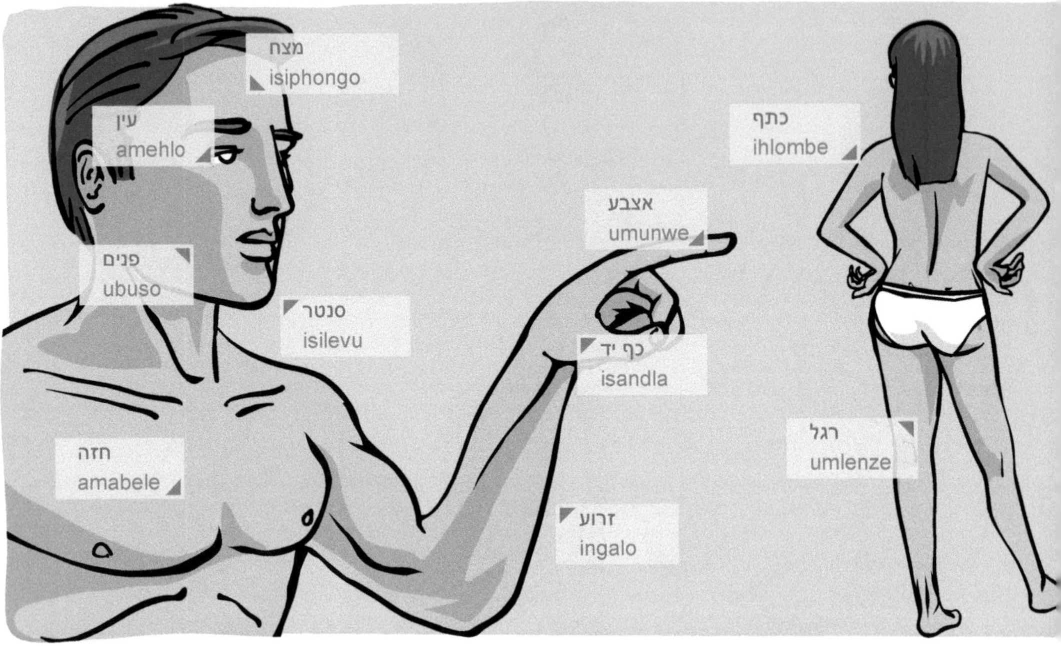

מצח
isiphongo
עין
amehlo
כתף
ihlombe
אצבע
umunwe
פנים
ubuso
סנטר
isilevu
כף יד
isandla
רגל
umlenze
חזה
amabele
זרוע
ingalo

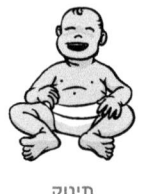

תינוק

ingane

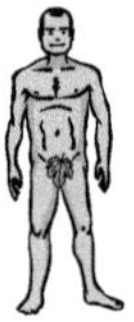

איש

indoda

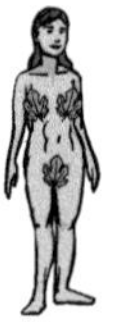

אישה

owesifazane

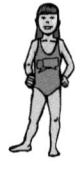

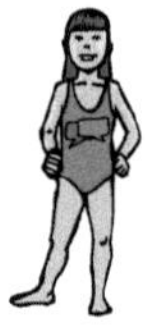

ילדה

intombazane

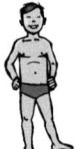

ילד

umfana

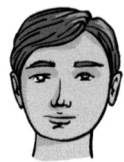

ראש

ikhanda

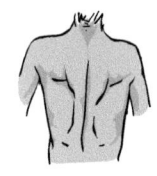

גב
umhlane

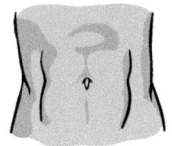

בטן
isisu

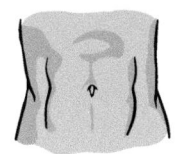

טבור
inkaba

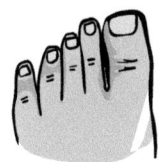

אצבע
izinzwane

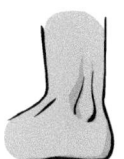

עקב
isithende

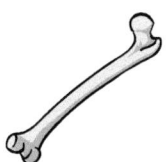

עצם
ithambo

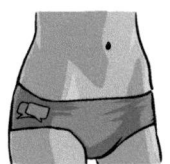

ירך
inqulu

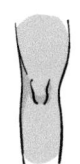

ברך
idolo

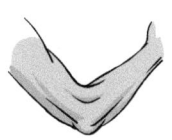

מרפק
indololwane

אף
ikhala

עכוז
ingenzansi

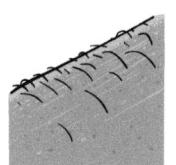

עור
isikhumba

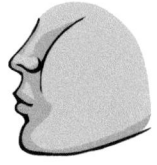

לחי
iziqhomo

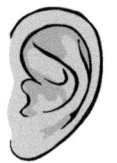

אוזן
indlebe

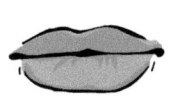

שפתיים
udebe

פה
umlomo

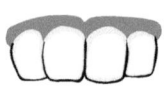

שֵׁן
amazinyo

לשון
ulimu

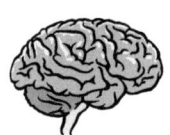

מוח
ingqondo

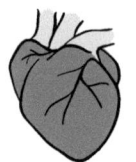

לב
inhliziyo

שריר
imasela

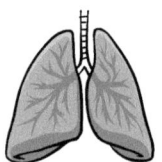

ריאה
uphaphe

כבד
isibindi

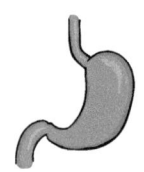

קיבה
isisu

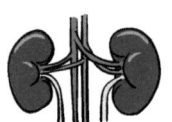

כליות
izinso

מין
ucansi

קונדום
ikhondomu

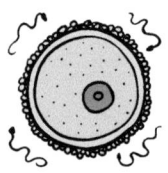

ביצית
iqanda

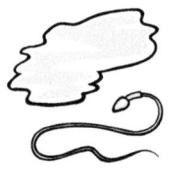

זרע
isidoda

הריון
ukukhulelwa

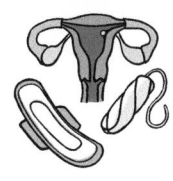

ווסת

ukuya esikhathini

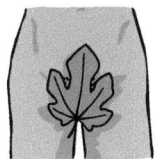

נרתיק

imomozi

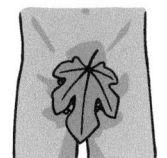

פין

umthondo

גבה

ishiya

שיער

izinwele

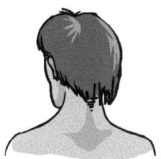

צוואר

intamo

בית חולים
isibhedlela

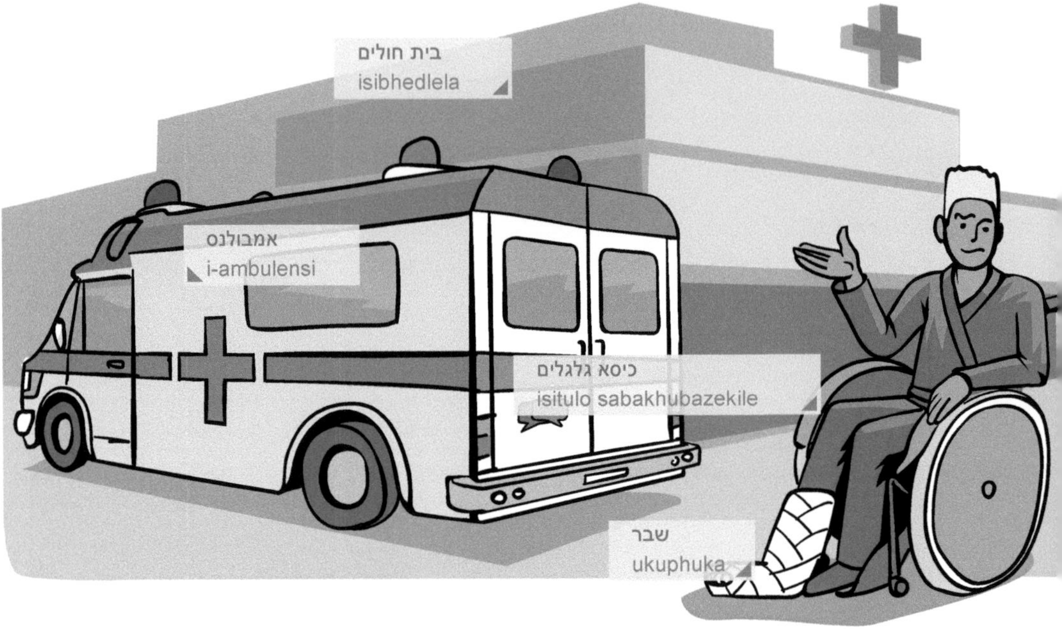

בית חולים
isibhedlela
אמבולנס
i-ambulensi
כיסא גלגלים
isitulo sabakhubazekile
שבר
ukuphuka

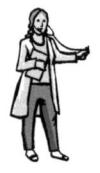

רופא

udokotela

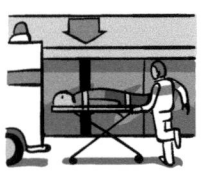

חדר מיון

igumbi leziguli ezidinga ukwelashwa okuphuthumayo

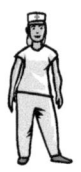

אחות

umhlengikazi

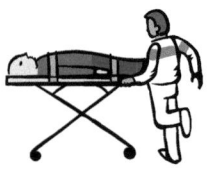

חירום

izimo eziphuthumayo

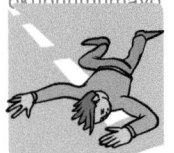

חסר הכרה

ukuquleka

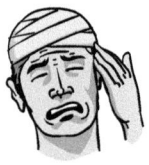

כאב

ubuhlungu

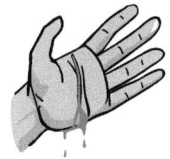

פציעה
ukulimala

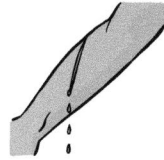

דימום
ukopha

התקף לב
isifo senhliziyo

שבץ
ukushaywa unhlangothi

אלרגיה
ukungazwani komzimba
nezinto ezithile

שיעול
ukukhwehlela

חום
imfiva

שפעת
umkhuhlane

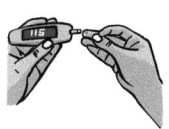

שלשול
ukuhuda

כאב ראש
ukuphathwa ikhanda

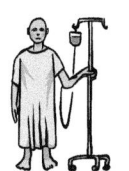

סרטן
umdlavuza

סוכרת
isifo sikashukela

מנתח
udokotela ohlinzayo

אזמל
isikalpheli

ניתוח
ukuhlinzwa

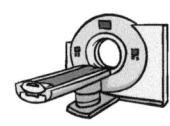

סי-טי

CT

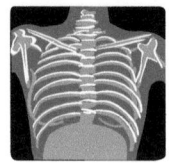

רנטגן

i-x-ray

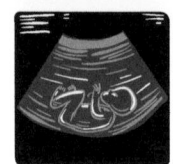

אולטרסאונד

i-ultrasound

מסיכת פנים

imaskhi yasebusweni

מחלה

isifo

חדר המתנה

igumbi lokulinda

קבה

izinduko zokuhamba

פלסטר

iplasta

תחבושת

ibhandishi

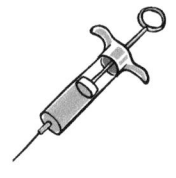

זריקה

umjovo

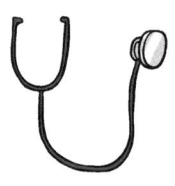

סטטוסקופ

izipopolo zikadokotela

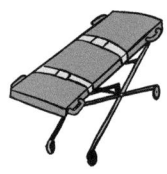

אלונקה

i-stretcher

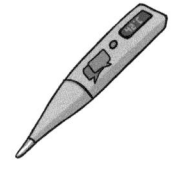

מד חום

umshini okala izinga
lokushisa

לידה

ukubeletha

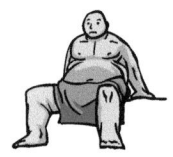

עודף משקל

ukukhuluphala ngokweqile

מכשיר שמיעה

insizwa yokuzwa

מחטא

ukungatheleleki

זיהום

ukutheleleka

נגיף

ivariyasi

איידס

HIV / AIDS

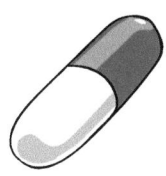

תרופה

umuthi

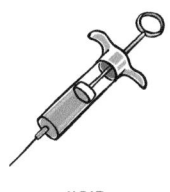

חיסון

umgomo

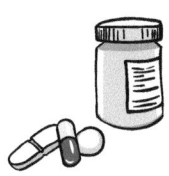

טבליות

amaphilisi

גלולה

amaphilisi

קריאת חירום

ucingo oluphuthumayo

מד לחץ דם

umshini okala umfutho
wegazi

חולה / בריא

ukugula / ukuba umqemane

אזעקה

i-alamu

פשיטה

ukuhlasela

הצילו!

Sizani!

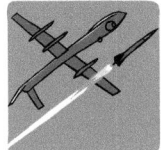

תקיפה

ukuhlasela

סכנה

ingozi

יציאת חירום

indawo yokubalekela ngaphansi kwezimo eziphuthumayo

אש!

Umlimo!

מטף כיבוי

isicimamlilo

תאונה

ingozi

ערכת עזרה ראשונה

ikhithi yosizo lokuqala

הצילו!

SOS

משטרה

amaphoyisa

אירופה

Europe

צפון אמריקה

North America

דרום אמריקה

South America

אפריקה

Africa

אסיה

Asia

אוסטרליה

Australia

האוקיינוס האטלנטי

Atlantic

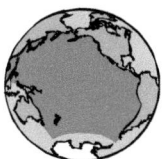

האוקיינוס השקט

Pacific

האוקיינוס ההודי

Indian Ocean

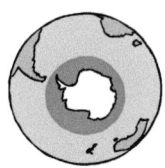

האוקיינוס האנטרקטי

Antarctic Ocean

האוקיינוס הארקטי

Arctic Ocean

הקוטב הצפוני

North Pole

הקוטב הדרומי

South Pole

אנטארקטיקה

Antarctica

כדור הארץ

Umhlaba

אדמה

umhlaba

ים

izilwandle

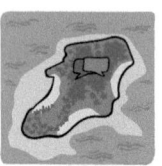

אי

isiqhingi

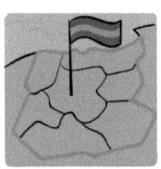

לאום

izwe

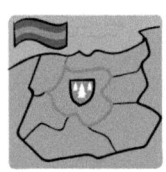

מדינה

inhlangano engokomthetho

פני השעון

ubuso bewashi

מחוג השעות

isandla sehora

מחוג הדקות

isandla semizuzu

מחוג השניות

isandla sesibili

מה השעה?

Ubani isikhathi?

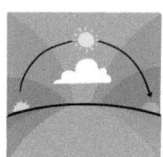

יום

usuku

זמן

isikhathi

עכשיו

manje

שעון דיגיטלי

iwashi lezibalo

דקה

umzuzu

שעה

ihora

יום שני
UMsombuluko **MO**

יום רביעי
W ULwesithathu

יום שישי
ULwesihlanu

TU

TH
יום שבת
UMgqibelo

FR

SA

יום שלישי
ULwesibili

יום חמישי
ULwesine

SO

יום ראשון
ISonto

אתמול
izolo

היום
namhlanje

מחר
kusasa

בוקר
ekuseni

צהריים
emini

ערב
ntambama

MO	TU	WE	TH	FR	SA	SU
1	2	3	4	5	6	7
8	9	10	11	12	13	14
15	16	17	18	19	20	21
22	23	24	25	26	27	28
29	30	31	1	2	3	4

ימי עבודה
izinsuku zeviki

MO	TU	WE	TH	FR	SA	SU
1	2	3	4	5	6	7
8	9	10	11	12	13	14
15	16	17	18	19	20	21
22	23	24	25	26	27	28
29	30	31	1	2	3	4

סוף שבוע
impelasonto

שנה

unyaka

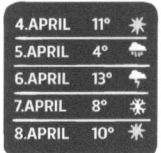

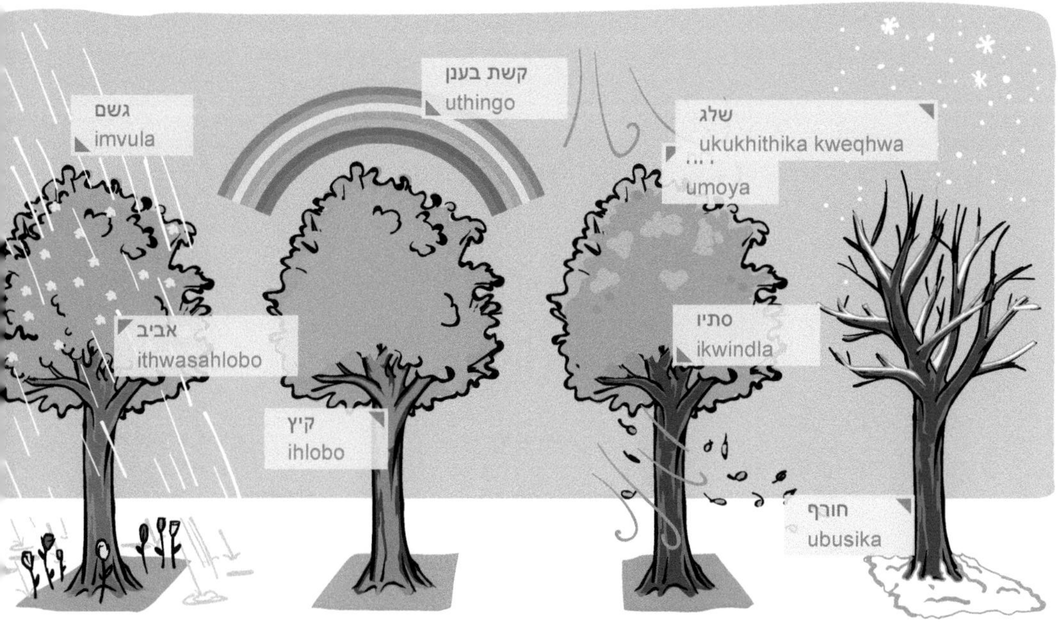
גשם
imvula
קשת בענן
uthingo
שלג
ukukhithika kweqhwa
umoya
אביב
ithwasahlobo
קיץ
ihlobo
סתיו
ikwindla
חורף
ubusika

4.APRIL 11°
5.APRIL 4°
6.APRIL 13°
7.APRIL 8°
8.APRIL 10°

תחזית מזג האוויר

isimo sezulu

F C
120 40
90 30
60 20
30 10
0 0
-30 -10
-20

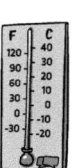

מד חום

umshini wezinga lokushisa

אור שמש

ukushisa kwelanga

ענן

amafu

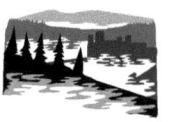

ערפל

inkungu

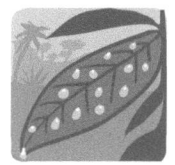

לחות

umswakama

ברק

ummbani

רעם

ukuduma kwezulu

סערה

isiphepho

ברד

isichotho

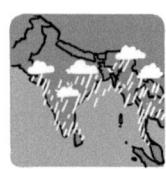

רוח עונתי

imvula enkulu

שיטפון

izikhukhula

קרח

iqhwa

ינואר

UMasingana

פברואר

UNhlolanja

מרץ

UNdasa

אפריל

UMbasa

מאי

UNhlaba

יוני

UNhlangulana

יולי

UNtulikazi

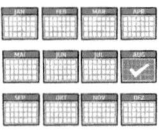

אוגוסט

UNcwaba

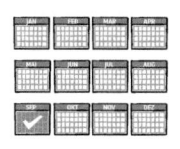

ספטמבר
....
UMandulo

אוקטובר
....
UMfumfu

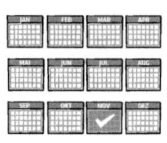

נובמבר
....
ULwezi

דצמבר
....
UZibandlela

עיגול
....
indilinga

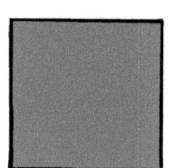

מרובע
....
isikwele

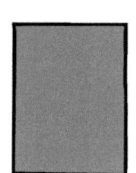

מלבן
....
unxande

משולש
....
unxantathu

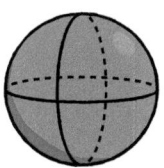

כדור
....
i-sphere

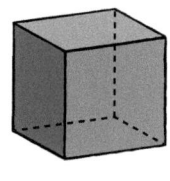

קובייה
....
i-cube

לבן

kumhlophe

צהוב

kuphuzi

כתום

ku-olenji

ורוד

kuphinki

אדום

kumbomvu

סגול

kuphephuli

כחול

kuluhlaza
okwesibhakabhaka

ירוק

kuluhlaza

חום

kubhrawuni

אפור

kuphashile

שחור

kumnyama

הרבה / מעט

kakhulu / kancane

כועס / רגוע

ukucasuka / ubumnene

יפה / מכוער

ubuhle / ububi

התחלה / סוף

isiqalo / isiphetho

גדול / קטן

kukhulu / kuncane

בהיר / כהה

kuyakhanya / kumnyama

אח / אחות

mfowethu / udadewethu

נקי / מלוכלך

ukuhlanzeka / ukungcola

שלם / חלקי

ukuphelela / ukungapheleli

יום /לילה

imini / ubusuku

מת / חי

ukufa / ukuphila

רחב / צר

ukuvuleka / ukunyinyeka

אכיל / לא אכיל

okudliwayo / okungadliwa

רשע / טוב לב

ukukhohlakala / umusa

מתרגש / משועמם

ukujabula / isithukuthezi

שמן / רזה

ukunona / ukuzaca

ראשון / אחרון

ukuqala / ukugcina

חבר / אויב

umngane / isitha

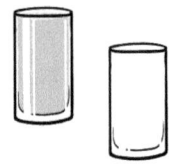

מלא / ריק

ukugcwala / ukuphela

קשה / רך

ubunzima / ukuthamba

כבד / קל

ukusinda / ukubalula

רעב / צמא

ukulamba / ukoma

חולה / בריא

ukugula / ukuba umqemane

בלתי-חוקי / חוקי

ngokomthetho / okungekho
emthethweni

נבון / טיפש

ukuhlakanipha /
isiphukuphuku

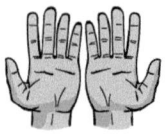

שמאל / ימין

isinxele / esokudla

קרוב / רחוק

eduze / kude

חדש / משומש

kusha / sekusebenzile

כלום / משהו

utho / okuthile

זקן / צעיר

okudala / okusha

פעיל / כבוי

vuliwe / kucishiwe

פתוח / סגור

vula / vala

שקט / רועש

kuthulekile / kunomsindo

עשיר / עני

ukuceba / ubumpofu

נכון / שגוי

kulungile / akulungile

מחוספס / חלק

kugadlazekile / kuyashelela

עצוב / שמח

dabuka / jabula

קצר / ארוך

kufishane / kude

איטי / מהיר

kuyanensa / kuyashesha

רטוב / יבש

ukuba manzi / ukoma

חם / קר

ukufudumala / ukuphola

מלחמה / שלום

ukulwa / ukuthula

0
אפס
uziro

1
אחת
kunye

2
שתיים
kubili

3
שלוש
kuthathu

4
ארבע
kune

5
חמש
kuhlanu

6
שש
isithupha

7
שבע
isikhombisa

8
שמונה
isishiyagalombili

9
תשע
isishiyagalolunye

10
עשר
ishumi

11
אחת-עשרה
ishumi nanye

12

שתים-עשרה

ishumi nambili

13

שלוש-עשרה

ishumi nantathu

14

ארבע-עשרה

ishumi nane

15

חמש-עשרה

ishumi nanhlanu

16

שש-עשרה

ishumi nesithupha

17

שבע-עשרה

ishumi nesikhombisa

18

שמונה-עשרה

shumi nesishiyagalombili

19

תשע-עשרה

ishumi nesishiyagalolunye

20

עשרים

amashumi amabili

100

מאה

ikhulu

1.000

אלף

inkulungwane

1.000.000

מיליון

izigidi

אנגלית

isiNgisi

אנגלית אמריקאית

isiNgisi saseMelika

סינית מנדרינית

isiMandarin saseShayina

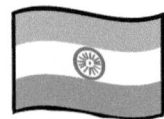

הודית

isiHindi

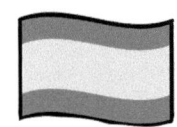

ספרדית

iSpanishi

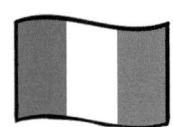

צרפתית

isiFulentshi

ערבית

isi-Arabhu

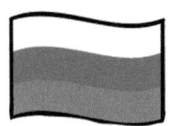

רוסית

isiRashiya

פורטוגזית

isiPutukezi

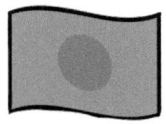

בנגלית

isiBengali

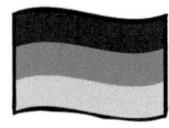

גרמנית

isiJalimane

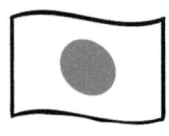

יפנית

isiJapane

אני

Mina

אתה / את

wena

הוא / היא / זה

u / u / ku

אנחנו

thina

אתם

nina

הם

bona

מי?

ubani?

מה?

ini?

איך?

kanjani?

איפה?

kuphi?

מתי?

nini?

שם

igama

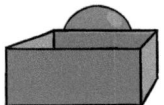

מאחור

ngemuva

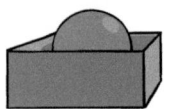

בתוך

ngaphakathi

לפני

phambi kwe

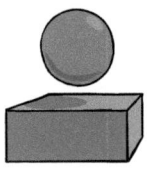

מעל

phezulu

על

ngaphezulu

מתחת

ngaphansi

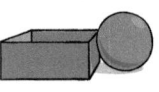

ליד

eceleni

בין

phakathi

מקום

indawo